AF238808

Felicitas Scholz

Telepathie
Die Sprache des Herzens

Mechernich, April 2013

ISBN 978-3-938113-40-0

Autorin 2013 Felicitas Scholz
felicitasscholz@verstehenohneworte.de

Herausgabe durch Velten-Verlag
info@velten-verlag.de

Autorin: Felicitas Scholz
Körper- und Gesprächstherapeutin

Produktion: Print Faktor GmbH, Bonn

Lektorin: Inge Braun

Umschlagfoto: © -Misha - Fotolia.com

Weitere Angebote im Internet:
www.verstehenohneworte.de

www.velten-verlag.de

Felicitas Scholz

Verstehen ohne Worte

Umdenken. Perspektiven wechseln. Ängste überwinden.

Weitere Angebote im Internet:
www.verstehenohneworte.de

Telepathie
Die Sprache des Herzens

Inhaltsangabe

Vorwort

Vor einiger Zeit stand ich völlig gebannt auf einem
großen Parkplatz und durfte miterleben, wie ein riesiger
Schwarm Krähen ihre Formationen flogen. Bereits bei
Starenschwärmen oder kleineren Finken komme ich aus
dem Staunen nicht mehr heraus, doch dieser Anblick war
gigantisch. Viele Forscher nennen es Zufall, wie diese
Tiere miteinander fliegen. Wissenschaftler wissen, dass
ein solcher Flug im Schwarm dazu dient, wie ein
wesentlich größerer Vogel zu wirken und durch die
ständige Veränderung angsteinflößend zu sein. Denn
wozu sollte es denn sonst gut sein?
Als ich da stand und diese Anmut beobachtete war es, als
ob die Zeit für einen Moment stehen bleibt und nur noch
dieser Zauber der sich verändernden Bilder wirkt. Doch
sind es nicht die Bilder und Formen, die diese Vögel in
ihrem Zusammenwirken beschreiben, es ist das Wunder
der Einheit, des vollkommenen Zusammenspiels dieser
vielen Individuen zu einem Ganzen. Ohne Planung, ohne
Absprache, ohne Ziel. Einfach nur fliegen und sich der
Energie des Ganzen hingeben und dadurch zur Einheit zu
werden.
Dahinter steht nicht das Wissen des gedachten Wortes,
sondern ein Wissen um das Sein. Dadurch, dass die
Vögel sich voll und ganz diesem besonderen „Wissen"
(*) hingeben, funktioniert das zusammen Fliegen in
vollkommener Harmonie.
Das Spannende ist, dass wir durch solche Erlebnisse im
Herzen angesprochen werden. Es „macht etwas" mit uns.
Wenn man solche Bilder im Fernseher sieht, lassen sie
einen staunen. Doch wenn man es in natura erlebt, sieht,

hört, fühlt passiert etwas in unserem Herzen. Vorausgesetzt natürlich, dass die Sensoren unserer Wahrnehmung schon bereit sind, solche Dinge zu erkennen und durch das Tor des Bewusstseins zu schicken, damit das Gehirn sie uns dann präsentieren kann.

Diese Wahrnehmungen sind nur möglich, wenn wir beginnen, mit unserem Herzen zu fühlen. So lange der Verstand noch das absolute Sagen hat, bleiben die Augen für das Besondere verschlossen. Dann ist eine Blume einfach nur eine Blume, vielleicht zum Verzehr geeignet, aber ansonsten ohne Bedeutung.

Diese Gedankenformen sind nötig, um kiloweise Pestizide auf Gemüsepflanzen zu schütten, damit das Endprodukt leuchtend und schmackhaft aussieht. Auch die Tatsache, tausende von Tieren eng aneinanderzupferchen, voller Ignoranz der natürlichen Bedürfnisse von Freiraum, Luft und Bewegung sind das Ergebnis der Herzlosigkeit. Das Futter angereichert mit Antibiotika, damit wenigstens das Ergebnis in Farbe und Form dem Auge des Käufers Zufriedenheit gibt. Das zeigt, dass auch zum sinnvollen Denken der Einfluss des Herzens nötig ist. Durch die Vielfalt der verwendeten Antibiotika, haben wir nun so viele resistente(**) Keime, z.B. in den Krankenhäusern, dass wir auf dem besten Wege sind, uns selber zu vernichten. Hauptsache der Gewinn wird gesteigert. Doch möchte ich nicht mit dem Finger auf bestimmte Personengruppen zeigen und nach der Schuldfrage suchen. Diese Produktionsmöglichkeiten

(*) Anmerkung: in diesem Sinn, wird Wissen nicht als kognitive Fähigkeit gesehen, sondern als das Annehmen einer Information, die aus einer höheren Ebene entsteht. Man könnte es auch das Gemeinschaftswissen der Krähenvögel nennen.
(**)**resistent:**,Biol. Med; resistent (gegen etwas) <Pflanzen, Bakterien> so, dass ihnen eine Krankheit, ein Gift o. Ä. nicht schaden kann ≈ widerstandsfähig: Die Bakterien sind gegen den Impfstoff resistent (Quelle: thefreedictionary.com) gerne makelloses Obst und Gemüse kaufen, frisch in

ergeben sich durch tausende von Ladenbesuchern, die Marokko gepulte Nordseekrabben verspeisen oder gesunde Vitamine naschen.

Das sind die Folgen von Köpfen, die ohne Herz handeln. Denn Herzen leuchten nicht durch Spiel, Spaß und Schokolade, sondern im Wissen, dass Mami oder Papi an mich gedacht hat. Doch wenn dann die Erwartung des: „wie sagt man da???" („Danke!") folgt und, „das bekommst Du aber erst, wenn Dein Zimmer tip top aufgeräumt ist", bleibt das Herz ganz schnell wieder still.

Doch machen alle Mamis und Papis, das nicht aus bösem Willen oder um ihre Kinder zu tyrannisieren, sondern aus gutem Willen. Wir alle versuchen unsere Kinder mit bestem Wissen und Gewissen zu erziehen, was natürlich individuell sehr unterschiedlich ausfallen kann. Wir wollen unser Wissen und unsere Erfahrungen an die Nachkommen weitergeben. Allerdings ist es nach tausenden von Jahren immer noch so, dass ein Mensch erst verstehen lernt, was es bedeutet, wenn ein großer weiser Mensch erklärt, was eine heiße Herdplatte ist, wenn die eigene Hand diese Erfahrung machen durfte.

Ein wildes Tier weicht intuitiv vor dem Feuer, obwohl es nicht in der Schule war und in Naturwissenschaften unterrichtet wurde. Tiere vertrauen auf ein völlig anderes Wissen, welches dem reinen Denkapparat im Kopf nicht zugänglich ist. Dieses Wissen entsteht durch das Vertrauen in eine höhere Kraft. Eine Kraft, die hinter der Energie der Elektrizität steht. Die Kraft, die Magnetismus überhaupt erst möglich macht. Eine Kraft, die am Anfang und am Ende allen Seins steht.

Wer beginnt, auch nur die Möglichkeit dieser Kraft zu erwägen, ist auf dem Weg zurück ins Herz. Denn auch das Herz des Menschen hat sein inneres Kraftwerk.

Angetrieben von einem herz-eigenen Kraftsystem, welches es möglich macht, dass das Herz auch ohne Verbindung zum restlichen Nervensystem noch schlägt.

Wissen heißt glauben im Kopf – Glauben heißt wissen im Herzen

Alles oder Nichts

*W*er Kinder hat oder sich an seine eigene Kindheit erinnert, hat sehr wahrscheinlich auch das Phänomen Lego kennengelernt. Eine Menge von kleinen Klötzchen lässt erstaunliche Bauten jeglicher Form und Größe entstehen. Wer schon einmal Legoland besucht hat, konnte alle bekannten Gebäude dieser Erde in Miniformat, gebaut aus diesen kleinen Plastikklötzen, bewundern. Ähnlich verhält es sich mit unserem Körper. Aus einer großen Menge von Zellen wird das Haus der Menschenseele gebaut. Mit dem kleinen Unterschied, Lego hat viel mehr verschiedene Teile, als der menschliche Körper. Wie vielleicht vor längerer Zeit in der Schule einmal vernommen, gibt es ein Periodensystem der Elemente. Aus diesen über 100 bekannten Elementen ist das gesamte Universum entstanden. Der menschliche Körper benötigt davon nur 21 (!!!) Teile. Der Hauptbestandteil wird aus Wasserstoff, Kohlenstoff, Sauerstoff und Stickstoff gebildet. 3% bestehen aus den Mineralstoffen, wie z.B. Natrium, Kalium, Kalzium, Magnesium etc..
Weniger als 1% machen die sogenannten Spurenelemente, wie z.B. Zink Zinn, Kuper, Eisen, Jod etc. aus.
Allerdings bilden diese wenigen Teile mal eben bei einem erwachsenen Menschen ca. 10 – 100 Billionen Zellen. (*)

(*) Anmerkung: in der Literatur findet man immer wieder unterschiedliche Angaben über die genauen Mengen, die Zahlen liegen jedoch alle sehr nah beieinander.

Wer in der Schule aufgepasst hat, weiß noch, dass um das Atom eine Hülle oder Schale liegt, die durch das Herumsausen der Elektronen (je nach Atom unterschiedlich viele) gebildet wird. Stellt man sich die Größe eines Fußballstadions vor und der äußere Rand des Stadions wäre die Linie des umkreisenden Elektrons, so wäre der Atomkern so groß wie ein Reiskorn!!!

Das bedeutet, dass das Universum aus ganz viel Nichts aufgebaut ist. Oder vielleicht ist es einfach die wahre Energie, die in diesem vielen Nichts liegt. Würde man aus dem menschlichen Körper alles Nichts herausnehmen, passte die reine Materie auf eine Nadelspitze.

Wir leben als Nichts umgeben von Nichts und doch ist in diesem Nichts alles enthalten.

Wenn wir uns diesen Gedanken öffnen, dann sind wir bereit für Telepathie.

Gedanken

Dank der Quantenphysik ist es mittlerweile möglich, uns in den Kopf zu schauen. Moderne Messtechniken können stellenweise sogar bestimmte Gedankeninhalte erfassen und darstellen, an was der Proband denkt.

Dies ist möglich, da unsere Gedanken im Gehirn als Stromimpulse messbar sind. Jeder bewusste oder auch unbewusste Gedanke saust in rasender Geschwindigkeit von Synapse (*) zu Synapse. Das verbraucht Energie, setzt aber auch gleichzeitig Energie frei. Diese Energie kann man sogar sehen, wenn jemand strahlt vor Glück.

In geringem Abstand ist es problemlos möglich, Gedanken zu senden und zu empfangen (s. Kapitel Übungstechniken).

Konzentrierte Gedanken können gezielt gesendet werden und wirken ähnlich wie ein Laserstrahl, der aus gebündelten Lichtstrahlen entsteht. Wenn der Empfänger informiert ist, dass ihm Gedanken übertragen werden, ist es für geübte ein Leichtes, diese Gedanken zu empfangen. Dabei ist es wichtig, seine bevorzugten Kanäle zu kennen, durch die man Energien wahrnimmt. Weitere Erklärungen dafür folgen.

Wie die Schallwellen der ausgestoßenen Luft, vorbei an

(*) **Quelle Wikipedia: Synapse** heißt die Stelle neuronaler Verknüpfung, mit der eine Nervenzelle in Kontakt steht zu einer anderen Zelle – sei es eine Sinneszelle, Muskelzelle, Drüsenzelle oder eine andere Nervenzelle. Synapsen dienen der Übertragung von Signalen, erlauben aber auch deren Modulation, und vermögen darüber hinaus durch anpassende Veränderungen Information zu speichern. Die Anzahl der Synapsen beträgt im Gehirn eines Erwachsenen etwa 100 Billionen (10^{14}) – bezogen auf ein einzelnes Neuron schwankt sie zwischen 1 und 200.000.

den Stimmbändern Worte formen, die durch eben diese bestimmte Welle beim anderen als Information für das Ohr ankommen, lassen Gedanken Wellen entstehen.

Das unser Radio läuft, das Handy klingelt oder nun auch das Fernsehen rein digital läuft, ist für uns selbstverständlich. Doch das dieser Austausch von Information auch zwischen zwei Gehirnen stattfinden könnte, ist bis heute noch für viele Wissenschaftler nur Humbug.

Ich könnte mir vorstellen, dass wir alle völlig verrückt werden würden, könnten wir all die Wellen und Energien sehen, die uns umgeben und natürlich auch beeinflussen. Stellen Sie sich nur einmal ein Klassenzimmer vor. 30 Schüler, ein Lehrer und jeder hat ein Handy in der Tasche. Nein, die meisten haben das Handy eben doch nur auf lautlos gestellt!

Das Handy sendet immer wieder Signale aus, um zu prüfen, ob es Verbindung hat. Ebenso bietet das Netz allen seinen Schülern permanenten Empfang. Ein andauernder völlig unsichtbarer Informationsfluss. Dazu kommen 30 hochkonzentrierte Schüler, die pausenlos Denken und somit ständig Energie produzieren. Allein das Gehirn verbraucht 20% der zugeführten Energie.

Doch empfangen wir hier auf der Erde nicht nur die Signale unserer Satelliten, für die Weiterleitung der Signale, sondern auch aus noch viel weiter entfernten Gebieten unseres Universums.

Aktuell sind die ersten Bilder vom Mars angekommen. Der Mars ist 55 Millionen Kilometer von der Erde entfernt. Das heißt Bilder, die von Robotern auf dem Mars aufgenommen werden, werden über einen unvorstellbar weiten Raum zu uns geschickt. Gedanken schicken ist aber Humbug.

Eine der schönsten Formen Energie wahrzunehmen ist unser größter Energieträger, die Sonne. Unsere Herzen beginnen zu leuchten, wenn die ersten wärmenden Strahlen dieses Energieballs uns im Frühling treffen. Und nicht nur den Menschen lässt die Sonne erstrahlen, die Bäume schlagen aus, die Insekten beginnen zu summen und die Vögel jubilieren, dass man meint, die Luft vibriert.

Unsere Sonne ist so unvorstellbar weit weg, 149,6 Millionen Kilometer. Und trotzdem spüren wir ihre Strahlen auf der Haut. Rückt unser Erdteil ein Stückchen von ihr ab, haben wir Winter und es schneit. Regionen der Erde, die ihr im Verhältnis gesehen nur ein paar Kilometer näher stehen, sehen so gut wie nie einen Regentropfen.

All das sind nur einige Gedankengänge über die Wunder, die uns tagtäglich umgeben und von den meisten Menschen für so selbstverständlich gehalten werden.

Unbewusst hat jeder schon viele Gedankenformen wahrgenommen. Sehr deutlich sehen wir es, wenn man jemanden beobachtet und dieser sich plötzlich zu uns hinwendet. Verschämt blickt man zur Seite und macht eine unschuldige Miene. Wenn man sich selbst beobachtet fühlt und sich suchend nach dem Blick im Nacken umschaut, weiß man meist ganz genau, wer es war.

Manchmal tauchen auch Gedanken an einen Bekannten auf, den man schon lange nicht mehr gesehen hat und kurze Zeit später trifft man ihn wieder.

Was viele schon häufig erlebt haben, dass man jemanden anrufen möchte, das Telefon kurz drauf klingelt und genau diese Person am anderen Ende der Leitung ist. Was für ein Zufall denken die meisten, doch ist es nichts anderes. Entweder der Gedanke des Anrufens wurde vom Anderen bereits geplant und hat einen auf die Idee gebracht anzurufen oder unser Gedanke kam an und hat die Handlung veranlasst.

Ebenso wie die wärmenden Strahlen der Sonne sich über die vielzähligen Moleküle ausbreiten kann oder die Schallwellen als Ton unser Ohr erreichen und wir dadurch hören können, können die Energiewellen der Gedankenimpulse sich über große Entfernungen verbreiten. Das große Nichts innerhalb der Elementarteile unserer Materie kann kraftvoll Energie weiterleiten.

Spüren kann man das deutlich, wenn im Körper Fieber entsteht. Keine Energiequelle von außen lässt die Temperatur im Körper steigen, sondern die körpereigenen Zellen können durch Veränderung ihrer Schwingungsfrequenz diese phänomenale Leistung erbringen. Wenn man selber Fieber hat, spürt man, wie sehr es im Körper pulsiert. Das Herz schlägt heftig und schnell, das Blut scheint durch die Gefäße zu rasen und über Schüttelfrost und Hitzewallung wird Energie erzeugt und wieder abgegeben. Wenn man von außen an einen fiebernden Menschen herantritt, kann man die Hitze förmlich spüren. Man kann in den Augen das Fieber erkennen und manch einer kann es sogar riechen.

Das ist eine starke Energie, die durch veränderte Schwingung der Moleküle wahrgenommen werden kann. Wenn warme Luft (= schnell schwingende Elementarteilchen, Sauerstoff, Wasserstoff, Kohlenstoff und Stickstoff) und kalte Luft (= langsam schwingende

Luftmoleküle) aufeinander treffen, können wir dies wieder in Form von Wind wahrnehmen. Wind ist nichts anderes als gigantisch schnell schwingende Teilchen. So schnell, dass man den Aufprall der Teilchen auf der Haut spüren kann.

Genau so können sensibilisierte Menschen den „Aufprall" von anderen Energien wahrnehmen. Im selben Raum ist der gesendete Gedanke ganz deutlich wahrzunehmen. Es fühlt sich meist ähnlich an, wie von etwas – anfangs Unbekanntem – berührt zu werden.

Wundervoll ist es, wenn wir von Gefühlen berührt werden. Dann geschieht auch immer etwas im Herzen. Großes Schicksal eines andern Menschen berührt uns und lässt Mitgefühl entstehen. Wenn eine Freundin oder ein Freund heiraten und vor Glück strahlen, dürfen wir Freudentränen vergießen. Und wenn unser Kind oder auch ein geliebtes Tier sichtbar Schmerzen empfindet, werden wir von Tatendrang erfüllt ihm zu helfen, den Schmerz zu lindern.

Wenn wir von Gedanken berührt werden, geschieht auch immer etwas mit unserem Gefühl und so macht Telepathie immer etwas mit unserem Herzen.

Wirkungsvolle Telepathie ist erst dann möglich, wenn unser Herz frei ist und unbewusste Gedankenmuster erkannt werden, bevor sie den Eindruck täuschen können (s. Kapitel Ent-täuschungen).

Wer beginnt, sich bewusst auf das Senden und Empfangen von Gedanken zu konzentrieren, erlebt automatisch eine Steigerung der Empathie Fähigkeit (*).

(*) **Empathie: Quelle Wikipedia:** Der Begriff Empathie bezeichnet die Fähigkeit, Gedanken, Emotionen, Absichten und Persönlichkeitsmerkmale eines anderen Menschen oder eines Tieres zu erkennen und zu verstehen. Zur Empathie gehört auch die eigene Reaktion auf die Gefühle Anderer wie zum Beispiel Mitleid, Trauer, Schmerz oder Hilfsimpuls.

Auch das ist nötig, um seine telepathischen Fähigkeiten zu entwickeln. Mitgefühl ist notwendig, sonst wird der verurteilende Verstand wahre Hintergründe nicht beachten und somit auch die tatsächliche Energie verschweigen.

Unbewusst sind wir ständig von unzählbar vielen Gedanken umgeben. Unseren eigenen und natürlich auch von allen Anwesenden. Wir erinnern uns, alle Gedanken sind Energie und wo Energie ist, da ist Bewegung. Wenn wir uns der Vorstellung öffnen, diese Energien deutlicher wahrzunehmen, müssen wir auch wissen, dass sich dahinter ein ganz langer Rattenschwanz befindet. Wenn dieser Kanal einmal -wieder- geöffnet wurde, ist es nur schwer, ihn nochmals zu verschließen. Als Kind wurden die meisten mit einem offenen Herzen geboren. Einige wenige haben schon vor der Geburt Erlebnisse im Mutterleib, die so schockierend sind, dass die Wahrnehmungen zurückgenommen werden. Bei den meisten Menschen sind es die vielen verbalen Verletzungen, Enttäuschungen, unbeachtetes Bedürfnis nach Liebe, Zuwendung, Zärtlichkeit bis hin zu tatsächlichen Gewaltakten an Körper und Seele, die im Laufe der Zeit im Gehirn Strategien des Ertragens und Durchhaltens entstehen lassen. Damit beginnt das Herz sich für wahre Gefühle zu verschließen und Emotionen, die aus dem Denken heraus entstehen, füllen diesen Platz im Leben eines Menschen aus.

Somit öffnet die Telepathie auch Türen zu alten vergessenen Gefühlen, die im ersten Moment meist sehr, sehr unangenehm sind. Doch kommen dazu auch noch die Gedanken und Gefühle unserer Mitmenschen. So kann es zu einem großen Durcheinander kommen.

Gedanken wahrzunehmen bedeutet nicht nur eine tolle Gabe zu erlernen, es bedeutet vor allem eine große Aufgabe zu übernehmen.

Gedanken-ladungen

*W*enn eine Hausfrau im Einkaufsladen darüber nachdenkt, was sie abends auf den Tisch bringen könnte, ist
die energetische Ladung dieser Gedanken vermutlich
recht gering. Ein Schüler der mit einer Sechs in Latein
auf dem Heimweg ist, wird schon unter einer viel
größeren Anspannung stehen. Kommt er nun an und
sieht, dass der strenge Vater unerwartet schon daheim ist,
wird die Spannung vielleicht schon in Angst umschlagen
und somit eine sehr hohe Frequenz haben. Begegnet
dieser Junge einem feinfühligen Menschen auf dem Weg,
wird dieser die Spannung des Jungen spüren. Ist der
Passant schon gut bewusst, weiß er, dass die Energie von
dem Jungen kommt, wenn nicht, kann es sein, dass es
ihm die   nächsten Stunden nicht gut geht, ohne
bestimmten Grund.
Telepathie zu erlernen bedeutet auch zu erlernen bewusst
„hinzuspüren". Vorerst ist es nur von Bedeutung zu
erkennen, dass es möglich ist, ein Gefühl eines anderen
Menschen zu spüren. Später kommen wir noch dazu,
Gefühle bewusst zu werten.
Den meisten Menschen gehen die Gefühle von
„Fremden" am Körper vorbei – glauben sie. Doch sind es
nicht nur die Gefühle von Anderen, sondern auch die
eigenen Gefühle, die sich nicht mehr im Körper befinden.
Drückt man lange genug ein Gefühl beiseite, kommt es
ab und an in geballter Ladung zum Vorschein. Bei einem
entsprechenden Wutausbruch sieht man dann schon fast

die Funken fliegen und meist lässt auch die Stimme den Raum erschüttern.

Ein hochgeladenes Gefühl ist natürlich das frisch verliebt sein. Dort sprühen auch die Funken oder vielleicht eher die Herzchen. Bleibt dieser Liebesanflug jedoch unerfüllt oder wird unglücklich beendet, kann schwerer Liebeskummer zutiefst schmerzhafte Gefühle hervorrufen. Auch Trauer, vor allem natürlich um einen geliebten Menschen oder ein Tier, trägt ein großes Potential an Energie in sich.

Wer seine Kanäle öffnet, nimmt nicht nur die Energie der vorhandenen Gedanken auf, sondern auch die gesamte Ladung der vorhandenen Gefühle, die dem Besitzer meistens in diesem Maße nicht bewusst sind.

In vielen Bereichen der Arbeit mit geistiger Energie wird empfohlen sich zu schützen. Doch sollte einem auch bewusst sein, wovor man sich denn, wenn überhaupt, schützen sollte. Viele glauben an schlechte oder böse Energien. Doch handelt es sich eher selten um tatsächliche Besetzungen oder auch schlechten Energien, die an jemandem anhaften. Vielmehr sind es die alten Blockaden und Verletzungen, die in Form von abgekapselter Energie in den Menschen unbewusst wirken und somit auch auf andere Energiekörper Einfluss nehmen können. Jeder menschliche Körper ist natürlich auch eine Form von Energiekörper, da er nur durch Energie funktionieren kann.

Jegliche Form von Kontaktaufnahme mit anderen Lebewesen macht etwas mit den Energiekörpern. Je freier man selber sich der Energie hingibt, desto freier kann die gesamte Energie fließen und sich somit wieder in den Fluss bringen.

Eine der stärksten Energien der „anderen Seite" ist die Angst. Massenhysterien hinterlassen meist Opfer, die von Ihresgleichen zu Tode getrampelt wurden. Angst lässt ungeahnte Kräfte entstehen oder völlig erstarren. Angst ist das Gegenteil von Liebe. Wo wahre Liebe ist, hat Angst keine Chance. Doch wer in der Angst gefangen ist, ist unfähig zu vertrauen und erlebt meist tiefe Hilflosigkeit. Auf dem Weg in die Telepathie ist Angst ein Hindernis, dass es zu überwinden gilt. Denn jeder von uns hat vor allem Angst vor den tatsächlichen Gefühlen, die in einem schlummern. Man muss allen Mut aufbringen, um durch das Spiegelbild der eigenen Seele zu treten. Doch kann ich versprechen, es lohnt sich. Viele altbekannte Energieladungen werden zu einem zurückkommen, unbekannte werden neu erfahren und ganz neue großartige Energien dürfen kennengelernt werden. Wer es auf sich nimmt, die Ladungen der Energien zu erkennen, erst der eigenen und dann die der anderen, darf irgendwann eines der größten Wunder dieser Erde erleben: wahre Menschlichkeit.

Ent-täuschungen

*U*m die Gedanken anderer lesen zu können, muss ich die eigenen erst einmal kennen. Gerne vergleiche ich diesen Prozess mit einem Computer. Ein Computer kann nur das erkennen und Aufgaben lösen, die vorher in ihn eingegeben wurden. Wir Menschen meinen, Charakterzüge und Verhaltensweisen in unseren Mitmenschen zu sehen, von denen man überzeugt ist, überhaupt nichts damit zu tun zu haben. Viele herzlose, egoistische, arrogante Mitbürger gibt es, die den anderen Tag täglich das Leben schwer machen. Doch können wir Arroganz nur in unserem Gegenüber erkennen, wenn wir auch einen Teil Arroganz in uns tragen. Anders gesehen bedeutet das, wenn Sie einen Menschen für etwas ganz besonders bewundern oder glauben, dass jemand im Leben schon besonders weit gekommen ist, ist das nur möglich, wenn dies auch in ihnen vorhanden ist.

Doch im Bereich der Telepathie ist dieses Wissen von ganz besonderer Bedeutung. Es ist möglich, dass man Gefühle fühlt, die nicht wirklich zu einem gehören. Anders herum ist es aber auch möglich, dass man im anderen etwas fühlt, was mit dem anderen rein gar nichts zu tun hat!!! In der Therapie kann dies verheerende Folgen haben. Als Beispiel kann eine Reflexion von sexuellem Missbrauch bei einer Frau, die als Kind vielleicht „nur" seelisch missbraucht wurde, weil die Mutter sich getrennt und einen anderen Mann geheiratet hat, großen Schaden anrichten. Die Hinterfragung, ob man sich ganz sicher ist, nicht selber mit der Situation verstrickt zu sein, ist von wesentlicher Bedeutung.

Je emotionaler man auf eine Situation reagiert, desto wahrscheinlicher ist die eigene Verstrickung. Die Themen, die uns aufregen, welche einen Widerstand in uns aufkommen lassen, geben deutliche Hinweise auf Blockaden in uns selber.

Wer beginnt, sich mit der Spiritualität zu befassen, wird schnell wundervolle Erlebnisse haben. Viele Rätsel beginnen sich zu lösen und man glaubt schnell den Stein der Weisen gefunden zu haben. In äußeren Situationen erkennt man Hintergründe, mögliche Lösungen und natürlich auch, wie schade es ist, dass der andere „den Weg" noch nicht gefunden hat. Sonst wäre ja alles schon so viel leichter. Es gäbe kein Leid mehr auf der Welt und alle hätten sich lieb. Somit erkennt man also, dass es noch so viel Schwere im Leben gibt, ganz viel Leid und sich noch ganz viele nicht lieb haben. Doch wie war das mit dem Computer? Er kann IMMER nur das erkennen, was auch in ihm selber programmiert wurde. Dann habe ich noch kein wahres Mitgefühl, sondern Mitleid. Mitgefühl bedeutet, dass ich aus tiefem Herzen das vorhandene Gefühl des anderen achte und ihm zugestehe, so fühlen zu dürfen.

Spirituelles Erwachen bedeutet auch, nicht nur noch mit sanftem Lächeln durch die Welt zu wandeln. Erwachen bedeutet, dass man bisher geschlafen hat. Im Schlaf kann man höchstens träumen, aber niemals mit allen Sinnen wahrnehmen. Erwachen bedeutet, den Körper mit allen Sinnen komplett wahrzunehmen. Somit sollte man, bevor man zum sechsten und siebten Sinn vorstößt, erst einmal lernen, die ersten fünf richtig zu benutzen. Oder riechen sie tatsächlich begeistert an ihrer frisch gewaschenen

Wäsche, fühlen sie bewusst die Regentropfen über ihre Haut laufen, schmecken sie jeden Morgen den ersten Schluck Kaffee oder Tee bewusst und sehen sie die Sterne, wenn sie in voller Pracht am nächtlichen Himmel leuchten? Sprechen sie tatsächlich mit ihren Kindern? Meinen Sie tatsächlich Ihren Partner, wenn sie ihm sagen, dass es sie nie liebevoll in den Arm nimmt? Sind sie sicher, dass Ihr Hund nur ein Leckerchen möchte, wenn er Ihnen in die Augen schaut. Oder, dass die Kassiererin im Dorfladen mal wieder schlecht geschlafen hat, weil sie wieder so griesgrämig ist?
Wer diese Sinne wertschätzen lernt, ist es auch Wert, von anderen Schätzen zu lernen.

Merke: Alle Dinge, die Emotionen in mir auslösen haben auch immer mit mir zu tun!

Wer sich mit sich und seinen persönlichen Gefühlen zusammen und dann auseinandergesetzt hat, kann natürlich fühlen – mitfühlen. Damit meine ich, sich seinen Gefühlen bewusst zu werden, sie anzunehmen, weil sie nun einmal schon da sind. Doch wenn ich beginne mit dem Finger auf jemanden zu zeigen und feststelle, dass ich doch genau weiß, was „der oder die" gerade fühlt, dann weiß ich, dass dies nicht ganz stimmen kann.
Das etwas stimmt, hat mit stimmig sein zu tun. Stimmig hat mit der Harmonie und dem sinnvollen Zusammen-spiel von Energien zu tun. Wenn Instrumente stimmig zusammen spielen, ertönt wundervolle Musik.
Empfinden wir jemanden jämmerlich und erlauben ihm jämmerlich zu sein, ist es in Ordnung, stört es uns, betrifft es uns und wir müssen unser Instrument stimmen.

Aber wir müssen niemals das Instrument eines anderen stimmen. Wenn wir mit der Melodie des Lebens mitspielen und der andere hört das, kann er einstimmen. Wenn er es nicht hört, kann er nicht einstimmen.

Die größte Täuschung im Leben ist, dass wir glauben, bei anderen etwas verändern zu können.

Vor der Täuschung kommt die Erwartung.

Es gibt drei Arten der Erwartung:

1. Das, was ich glaube tun zu müssen.

2. Das, was ich glaube, das die anderen tun müssen.

3. Das, was ich glaube, was die anderen von mir erwarten, dass ich zu tun habe.

Somit wacht man morgens auf und weiß genau, was man an diesem Tag alles machen muss. Wenn man sein Soll am Abend nicht erreicht hat, ist man enttäuscht, es wiedermal nicht geschafft zu haben. Dann geht man zu guter Letzt ins Zimmer der Kinder und stellt fest, dass auch die wieder die schmutzige Wäsche nicht in den Wäschekorb gelegt haben. Völlig gefrustet schläft man vor dem Fernseher ein und hat wieder vergessen, für den Ehemann die Kaffeemaschine vorzubereiten, damit er morgens nur noch auf den Knopf drücken muss.

Fühlt sich das stimmig an?

Wann ist es stimmig, für den Ehemann die Kaffee-maschine vorzubereiten?

Wie soll man morgens schon wissen, was man am Tag alles tun kann?

Was geschieht, wenn die Kinder ihre Wäsche nicht in den Wäschekorb räumen?

Woher weiß man, dass an diesem Tag unbedingt staub-gesaugt werden muss?

Wer macht die Spinnweben weg, wenn sie es heute nicht machen?

Werden sie verhungern, wenn sie heute nicht mehr Ein-kaufen fahren?

Wird ihre beste Freundin ihnen tatsächlich die Freundschaft kündigen, wenn sie ihr absagen, weil sie so müde sind?

Sind wir tatsächlich völlig übermüdet, bloß weil man mal nur fünf Stunden schläft?

Nützt es wirklich, sich beim Niesen die Hand vor den Mund zu halten?

Nimmt man auf jeden Fall zu, wenn man mit dem Rauchen aufhört?

Ist es peinlich, wenn man einem fremden Menschen in die Augen schaut und lächelt - einfach so?

Zufälle

Kennen Sie die Gedanken, wäre mir der nicht begegnet, würde ich heute....

Ich musste vor einigen Jahren ins Krankenhaus und mich
an der Harnröhre operieren lassen. Das war sehr unangenehm. Doch entstand in der Phase der Heilung der
erste Schritt in meine zweite Selbstständigkeit, da ich
endlich die Zeit fand, meine Website zu erstellen. Doch
viel später folgte über eine Reihe von Verknüpfungen
aufgrund der Operation, eine neue Praxis für Urologie,
die mich wiederum auf eine neue Gynäkologin
aufmerksam machte und durch die ich dann zu meiner
heutigen Arbeitsstelle fand. Ohne OP kein Job...

Viel tiefgreifender sind natürlich Geschichten, wenn
jemand einen Zug verpasst und dieser hinterher
dramatisch entgleist.
Gerade während ich diese Zeilen auf meiner Zugfahrt
vom Allgäu zurück ins Rheinland schreibe, hatte ich eine
„zufällige" Begegnung. Wieder hatte der Zug Verspätung
und ich landete mit einer Dame im nächsten Zug. Beide
suchten wir den Wagen Nr. 2 und stellten fest, dass es
diesen nicht gab und wir wohl im falschen Zug waren.
Schnell sprangen wir wieder raus und eilten zum
passenden Bahnsteig, den uns ein paar zuvorkommende
Männer noch schnell von der Seite zuriefen. Während
wir mit Blick nach vorne Richtung G liefen, schnellte mir
der Gedanke durch den Kopf, dass diese Frau meine
Lehrerin aus der Grundschule ist. Natürlich kam sofort

der kleine Besserwisser und belehrte mich mit weisen Sprüchen, der gedanklichen Verkennung, wenn das Gehirn aus Ähnlichkeiten Muster zusammenbaut und dann glaubt jemanden erkannt zu haben. Genauso eben, wie es die Grundlagen der Psychotherapie belegen. Als wir nun unter F zur Ruhe kamen, sagte die Dame zu mir, dass sie in Sonthofen gestartet sei und nun Richtung Frankfurt fuhr. Also hatte mein Gefühl doch Recht und ich sprach sie mit ihrem Namen an. Auch sie erinnerte sich nach fast 40 Jahren an mich. Wir freuten uns, dass wir beide sofort das Gefühl hatten, uns zu kennen. Im Zug saßen wir ganz zufälligerweise hintereinander!

Ein weiteres Erlebnis hatte ich in der Physiotherapie-praxis, als ein Patient etwas angespannt auf der Be-handlungsbank lag. Zuvor hatte er mir erklärt, dass er gleich einen Termin beim Arzt hätte. Er hatte ziemliche Probleme zu entspannen und ich hatte das Bild eines vollen Wartezimmers im Kopf. Ich meinte zu ihm, dass er seine Gedanken nicht schon beim Arzt haben solle, sondern sich hier noch ganz in Ruhe entspannen dürfe. Er lachte erstaunt auf und seine Körpersprache verriet deutlich, dass ich getroffen hatte. Aus Spaß meinte ich, ich könne Gedanken lesen und er erklärte mir, dass er doch sehr dankbar sei, dass ich dies nicht könne. Gedankenlesen hat oft auch damit zu tun, dass man 1 und 1 zusammenzählen kann und dann ergeben Intuition und die normalen Sinneswahrnehmungen ein ganz stimmiges Bild. Der Autor und Referent Thorsten Havener erstaunt übrigens damit erfolgreich seine Leser und das Publikum (1).

Bei konzentrierten Behandlungen kann es vorkommen, dass Patient und Therapeut dieselben Bilder sehen. In einer Perizade-Behandlung sah ich, als ich am Kopf arbeitete einen dunklen großen Hund. Der Klient berichtete hinterher, dass er einen Wolf wahrgenommen hatte.

Da zeigen sich wieder die Einflüsse der eigenen inneren Bilder. Was eigentlich unerheblich war, denn das Bild war das gleiche nur die Interpretation etwas unterschiedlich.

Vor kurzem habe ich in einer Einrichtung für autistische Menschen einen Kollegen vertreten. Ich behandelte einen sympathischen Herrn mittleren Alters. Während der Behandlung dachte ich darüber nach, ob es wohl in dem Behandlungsraum auch eine Knierolle gibt. In diesem Augenblick sagte mein Patient zu mir, dass die Knierolle oben auf der Fensterbank liegt.

Umso mehr man die Möglichkeit dieser Form der Wahrnehmung zulässt, desto öfter werden ganz zufällige Dinge geschehen. Doch wird man auch sensibler und öffnet seine Wahrnehmung für die Dinge, die vielen noch unsichtbar sind.

Kanäle der
Wahrnehmung

So wie jeder Mensch eine dominante Hand hat, die er benutzt, gibt auch bevorzugte Wahrnehmungskanäle.

Visueller Typ: Die Wahrnehmung verläuft hauptsächlich über Bilder. Das können identische Bilder der Situation sein oder auch bildliche Verknüpfungen. Als Beispiel, man sieht vor dem inneren Auge einen Gürtel um die Brust, was für Angst stehen könnte. Solche Wahrnehmungen hängen natürlich immer vom Gesamtbild ab.

Akustischer Typ: Gesprochene Worte, Gedanken oder auch Musik, können innerlich wahrgenommen werden.

Kinästhetischer Typ: Gefühle werden wahrgenommen. Hierbei können tatsächlich Beschwerden auftreten, die nicht durch ein Symptom im eigenen Körper entstehen, sondern einer Fremdwahrnehmung entsprechen.

Sie sehen schon, es steckt viel mehr hinter dem Gedanken der Telepathie, als nur die Gedanken.
Wie der Körper durch Sport und das Gehirn durch Denken trainiert werden kann, werden auch die Kanäle

der Wahrnehmung durch richtige   Inbetriebnahme sensi-
bilisiert. Bei konsequenter Nutzung ist der Weg in die
tiefe Spiritualität geebnet.

Werden sie da hellhörig? Hellsehen, hellhören und auch
hellfühlen ist die Folge. Manchmal auch die Bürde, die es
zu tragen gilt.
Immer wieder möchte ich darauf hinweisen, wie wichtig
der entsprechende Respekt vor diesen Energien ist. Bei
all den steigenden Wahrnehmungen ist es notwendig sich
bewusst zu machen, dass jeder ein Recht auf sein Leben
und sein Erleben hat. Manche Dinge müssen geschehen,
damit Neues entstehen kann. In dem Augenblick, wenn
sich eine andere Person hilfesuchend an uns wendet
können wir bieten, was in unserer Macht steht. Doch
wenn man glaubt, dass man aus sich selbst heraus einem
anderen helfen kann, der täuscht. Wenn wir uns selber
helfen, ist auch den anderen geholfen. Wenn es uns
gelingt unser Herz so zum Strahlen zu bringen, dass es
andere Herzen ansteckt, dann ist dies das wahre Heil. Es
ist nicht wichtig, dass wir etwas in anderen fühlen
können, es ist wichtig, dass der andere sich fühlen lernt.

Lichtarbeiter

*I*n den vergangenen Jahren ist der Begriff der Lichtarbeiter immer mehr bekannt geworden. Die Idee dahinter ganz simpel. Man wird selber immer lichter, damit sein Licht auch das Licht im anderen entzünden kann. Umso mehr man getrieben ist, anderen zu helfen, desto weniger licht ist man selber. Umso lichter man selber ist, desto mehr leuchtet man auch für andere. So werden Lichtarbeiter immer sensibler für Telepathie und Telepathen immer mehr zu Lichtarbeitern. Letztendlich bedeutet es, dass jeder Mensch, der aus dem Herzen heraus handelt ein Lichtarbeiter ist. Ein sogenannter spiritueller Heiler, der jedoch mehr an sich und seinen Profit denkt, wird es niemals wirklich werden. Das Faszinierende an spiritueller Arbeit oder der Handlung aus dem Herzen heraus ist, dass genau das die Lösung ist, um selber zu heilen. Es ist ein ganz besonderes, ganz kostbares Erlebnis, einen Menschen auf dem Weg in die Heilung ein Stück zu begleiten. Und jedes Mal wird man auch selber ein bisschen heiler.

Dabei spielt es tatsächlich keine Rolle, was man macht. Ich arbeite seit vielen Jahren mit Rückführungen und jede einzelne hat auch immer etwas in mir verändert. Jeder der schon als Stellvertreter bei einer Systemischen Aufstellung mitwirken durfte, kann die Magie der Verbindung zwischen uns Menschen erkennen. Doch manchmal war es nur ein Wort während meiner Behandlung in der Physiotherapie, das dieses tiefe Gefühl der Erkenntnis auslösen durfte.

Und manchmal erlebt man so etwas auch im Aldi. So sprach mich ein älterer Herr an, ob ich ihm aus dem Tiefkühlfach von unten etwas herausholen könnte. Als ich ihm das Produkt überreichte und ihm in die Augen sah, bedankte er sich herzlich für meine Hilfe. Auch da entstand diese wundervolle Verbindung von Herz zu Herz für einen kurzen Augenblick.

Die Filmemacher profitieren von unserer Sehnsucht, dieses Gefühl in uns zu spüren. Mit den Geschichten, die sie uns erzählen erinnern sie uns. Doch die Wenigsten wissen, dass dieses Gefühl nicht nur durch große Erlebnisse, wie im Film dargestellt, hervorgerufen werden kann, sondern sich in jedem Augenblick unseres Lebens finden lässt.

Wir sind jedoch so in unseren Alltag eingewickelt, dass wir vor lauter Gedanken, was erledigt werden muss und wie wir all das schaffen sollen, die Momente nicht sehen. Wenn wir einander ansehen, dann schauen wir auch ganz schnell wieder weg. Unser Gehirn ist trainiert, nicht in das Innere unseres Gegenüber zu blicken, sondern auf Äußerlichkeiten zu achten und vor allem, sie auch sofort zu beurteilen. Das ist völlig normal und sollte somit nicht verurteilt werden. Doch was bringt es uns festzustellen, dass die Nachbarin schon wieder zugenommen hat, der Kollege heute wieder so versoffen aussieht und die Sekretärin des Chefs mal wieder zu nuttig gekleidet ist? Was macht das mit uns? Bringt es Leichtigkeit, Wohlgefühl und Freude? Fühlen wir einen warmen Schauer, der uns durchläuft, wenn unser Gegenüber unsere abschätzenden Blicke fühlt? Wie fühlen Sie sich, wenn sie merken, dass über sie gesprochen wird? Haben Sie sich schon einmal Gedanken gemacht, warum manch einer zu viel Alkohol trinkt, weshalb sich viele so „unpassend" kleiden oder die Kassiererin immer so schnippisch ist?

Die meisten von uns, müssen erst in ein tiefes Loch fallen, bis zur Unerträglichkeit mit den schrecklichsten unserer Gefühle konfrontiert werden, bis sie erkennen, dass all unser Urteil über andere, letztlich das Urteil über uns selbst ist. Nur wer die Dunkelheit kennt, weiß tatsächlich, was Licht bedeutet. Doch wer in dieses Licht blicken durfte, erkennt es von da an auch in den anderen. Das wundervolle ist, dass dieses Licht ansteckend ist.

Ich wurde mein Leben lang von einem Gefühl getrieben, mich mit der spirituellen Arbeit zu beschäftigen. Ich kann mich erinnern, schon als 13jährige über die Dinge des Lebens „philosophiert" zu haben. Ich liebte und liebe meine Tätigkeit in der Physiotherapie und doch wollte ich auch da hinter die Kulissen blicken. Ich las viele Bücher, besuchte Seminare und Vorträge und machte die Ausbildung zur Lebensberaterin und Rückführungs-therapeutin. Lange Zeit wurde mir vorgeworfen, ich wäre einer Sekte verfallen und argwöhnisch belächelt. Doch nichts und niemand konnte mich abhalten mich weiter mit den Techniken der spirituellen Heilung zu beschäftigen. All die Kurse und Ausbildungen brachten mir viel Verständnis und Wissen, doch mein wahrer Ausbilder wurde das Leben. Ich musste erst in ein tiefes Loch stürzen und mich ganz und gar der vollkommenen Verzweiflung hingeben, bevor ich den Weg in mein eigenes Herz fand. Meine größte Lehrmeisterin wurde meine Tochter. Schon im Kindergarten gab es eine Erzieherin die sagte, dass Rachel von ihrem Intellekt niemals Englisch lernen wird. Wir haben das damals völlig verleugnet. Viele Wege, viele Enttäuschungen, viele Sackgassen mussten durchlaufen werden, ehe ich langsam die Augen öffnete um zu erkennen, dass die Frau damals Recht hatte. Jeder Schritt den ich gehen musste war noch schmerzhafter und meine Verzweiflung wuchs ins Unendliche. Als meine Tochter zehn Jahre alt war, war ich am Ende meiner Kräfte und beschloss mir Hilfe zu nehmen. Doch auch diese war anfangs von Vorurteilen und falschen Entscheidungen geprägt. Natürlich stellen sich im Nachhinein genau diese Entscheidungen als absolut notwendig heraus, aber die vielen Momente der Scham, der Hilflosigkeit und der Vorwürfe, alles falsch gemacht zu haben, waren grausam. Nach zwei Jahren voller Missverständnissen, schlaflosen Nächten erfüllt mit Panikattacken und Seen voller vergossener Tränen, wurde es noch schlimmer. Doch an dem Punkt, als der Himmel sich für uns völlig verdunkelte und ich nicht mehr weiter wusste, kam die Lösung, dass mein Kind in die Einrichtung gehen durfte, die ich gerne von Anfang an gehabt hätte. Es war, als ob ein rasanter Bergbach mit heftigen Stromschnellen über mächtige Wasserfälle nun in einen gleichmäßigen Fluss überging, um sich nun gelassen durch das Leben zu schlängeln.

Während ich gleichzeitig immer wieder an den Rand des Erträglichen meiner Emotionen gebracht wurde, erlebte ich gleichzeitig auch immer wieder Momente des tiefen Vertrauens. Ich ging ganz viel mit meinem Hund spazieren und zog mich in die Natur zurück. Dort durchströmte mich immer wieder ein Gefühl tiefen Vertrauens und eine innere Stimme beruhigte mich und versprach mir, dass sich alles zu seiner Zeit lösen wird.

Somit erleben viele Menschen, die entweder einen großen Verlust erlitten oder traumatisiert wurden neben den schmerzvollen Emotionen auch, dass sich andere Kanäle für sie öffnen. Diese Menschen werden feinfühliger und nehmen plötzlich Dinge wahr, die ihnen oft erst unheimlich sind.

Das können Träume sein, Einfälle oder Ideen, prophezeiende Gedanken und vor allem das Gefühl für Lügen.

Ein innerer Antrieb leitet diese Menschen, sich mit neuen Dingen zu beschäftigen. Plötzlich beginnt man sich für Yoga oder Thai chi zu interessieren. Man liest Artikel über Geistheilung oder erlebt, wie eine Freundin sich durch Ernährungsumstellung völlig zu ihrem Vorteil verändert. Man trifft auf völlig andere Menschen mit einer anderen Gedankenwelt.

Man beginnt zu stauen. Staunen über die Wunder des täglichen Lebens, die bislang an einem vorbei gegangen sind, ohne dass man etwas bemerkt hätte. Und gleichzeitig beginnt man zu heilen. Die Verletzung wird im Laufe der Zeit selber zum Heil, weil durch das Annehmen des Erlebten nicht nur die Wunde heilt, sondern dieser Mensch heil wird.

Jeder Mensch, der sich auf den Weg zur Heilung begibt, wird automatisch zum Heil anderer. Bewusst, wenn dieser Mensch beginnt, auch heilende Techniken zu erlernen und andere damit zu behandeln. Unbewusst, wenn man durch sein lichter und heiler werden, andere Menschen mit der eigenen Herzlichkeit berührt. Jede Berührung dieser Art, ist von großer Bedeutung und bewirkt oft viel mehr, als man vermutet.

Ein großer Trugschluss aller Ärzte, Therapeuten und Heiler ist zu glauben, es sei das eigene Verdienst, dass ein Mensch durch unser Tun geheilt wurde. Erst wenn der zu Heilende bereit ist, wird er wahrlich heilen. In den meisten Fällen entfernen wir Therapeuten etwas, damit es dann an anderer Stelle wieder auftreten darf. Was natürlich auch nicht an den Therapeuten liegt, sondern es hat einfach keine wahre Heilung stattgefunden. Natürlich sind Helfer in der Not wundervoll, damit sie mit all ihrem spezifischen Wissen Einfluss auf die Heilung nehmen können. Es ist unfassbar, was die heutige Technik und das „know how" uns für Möglichkeiten geben. Trotzdem gehört immer noch das Besondere etwas dazu, dass diese phänomenalen Methoden zur Wirkung kommen lassen. Und dazu gehören auch die heilenden Hände eines berühmten Schamanen. Nur wenn die Zeit reif ist, wird Heilung stattfinden. Der großartige Physiker Burkhardt Heim (2) sprach von einem Gen Gottes. All die mittlerweile entdeckten Zusammenhänge der Quantenphysik, die in den letzten zwanzig Jahren so viel Veränderung in Wissenschaft und Technik gebracht haben, finden sich letztendlich doch immer wieder in der Unendlichkeit des Seins, zwischen einer Wahrscheinlichkeit von Welle oder Teilchen.

Umso mehr jemand von seinen Fähigkeiten „überzeugt" ist, desto wahrscheinlicher ist es, dass das „kleine Ego" sich in den Vordergrund spielen möchte. Natürlich haben solche Gesundheitsapostel Erfolg und ganz häufig auch recht in ihren Aussagen und Handlungen. Die Frage ist immer, was bewirkt es in demjenigen, der Geheilt werden soll. Spürt dieser Mensch, dass er in seinem Herzen berührt wurde, weiß er, dass etwas Besonderes mit ihm geschehen ist?

Lichtarbeiter heilen aus ihrem Herzen heraus. Es ist ihnen bewusst, dass dadurch alles Nötige im Anderen geschehen darf. Als Beispiel, durfte eine Patientin den Weg des Krebses durchlaufen, der im Tod endete. Doch war es für sie eine große Reise in das heile Sein. Und sie für mich eine große Lehrmeisterin.

Ein Lichtarbeiter geht den Weg immer gemeinsam. Gerne sieht man sich in der Position: „Seht her, ich habe schon etwas erreicht und zeige nun, wie es geht"!

Man glaubt den „Stein der Weisen" gefunden zu haben. Das kann ich mit so tiefer Überzeugung schreiben, da auch ich jahrelang dem Impuls des Egos gefolgt bin. Stolz, Übermut und das Verlangen nach Bestätigung waren der Antrieb. Was auch völlig in Ordnung ist. Doch weiß ich nun, dass ich immer mit den Menschen, mit denen ich gearbeitet habe, ein Stückchen auch selber mitgewachsen bin. Auch heute fühle ich Stolz, bin häufig noch übermütig und freue mich über Lob. Doch ist es mir bewusst und somit nicht mehr der innere Antrieb. Ich habe meinen Stein der Weisen gefunden und festgestellt, dass jeder für sich seinen ganz persönlichen finden muss. Wer sein Licht lebt, lässt seinen Mitmenschen ihr Licht und gemeinsam werden wir dann leuchten.

In einer Fernsehsendung hörte ich einen Spruch, der eigentlich sehr egoistisch klingt: wenn sich jeder um sich selber kümmert, ist für alle gesorgt.

Von einer anderen Perspektive betrachtet, beschreibt er genau den Weg in die eigene Mitte. Nur wer sich selber gefunden hat weiß, dass es letztlich doch nur einen Weg oder einen Stein der Weisen gibt: den Eigenen!

Die spirituelle Arbeit

Tun durch nicht tun...

*W*er eine medizinische Ausbildung hat weiß, dass es für bestimmte Krankheitsbilder ganz bestimmte Lösungswege gibt. Wer ein Haus bauen möchte weiß, dass er erst ein Fundament erstellen muss, damit das Haus einen festen Untergrund bekommt.

Unser gesamtes Denken geht davon aus, dass etwas immer nur gemacht wird, damit es zu einem Erfolg führt. Erfolg ist in unseren Augen etwas, dass wir gut finden, was von Nutzen ist und vor allem ein gutes Gefühl macht.
Der Therapeut will, dass sein Patient gesund die Praxis verlässt. Der Schneider möchte, dass seine Ware gekauft wird. Der Bäcker möchte, dass sein Brot gegessen wird. Wir sind von klein auf darauf ausgerichtet zu handeln, weil wir damit etwas erreichen möchte. Wir spülen ab, damit die Küche sauber ist und genug brauchbares Geschirr im Schrank steht. Wir waschen uns, damit andere uns gut riechen können. Die meisten Frauen tragen Makeup auf, damit sie anderen gut gefallen. Männer rennen ins Fitnessstudio, um ihre Muskeln zu vergrößern.
Wir machen die meisten Dinge, um etwas zu erreichen. Man fährt sogar in den Urlaub, um sich zu erholen.

Ich habe mit 25 Jahren meinen ersten Mann geheiratet und wurde ständig gefragt, ob ich schwanger sei. Mehrfach kam auch die Frage, warum ich denn dann heiraten würde, wenn ich denn nicht schwanger sei. Ich wusste damals einfach, dass ich das tun muss und fertig. Unter anderem entstand in dieser Ehe dieses wundervolle Kind, das mich so viel lehren sollte.

Ein anderer bekannter Spruch heißt, der Weg ist das Ziel. Dann wird aus dem Helfersyndrom ein reines Tun, weil es getan werden muss ohne zu tun weil…, sondern, das man genau das in diesem Moment macht, weil es gemacht werden muss. Dadurch ist nie mehr wieder etwas vermeintlich „umsonst" getan und letztlich landet man am größten Ziel aller spirituellen Menschen, das Leben im Hier und Jetzt.

Dadurch geschieht etwas sehr spannendes, denn plötzlich nutzt man sein gelerntes Wissen im Kopf völlig neu. Man beginnt im „stimmig sein" zu handeln. Dabei können die Handlungen völlig konträr werden. Als Kinder lernen wir, uns an Regeln zu halten. Regeln sind wichtig im Zusammenleben, sonst würde der Verkehr zusammenbrechen – noch, denn könnten wir uns absolut unserer tief inne liegenden Intuition hingeben, würden wir wie ein Vogelschwarm miteinander durch das Leben gleiten. Solange dies noch nicht geschieht, sind Regeln ein gutes Mittel, miteinander zurechtzukommen. Ähnlich läuft es beim Kochen, ein gutes Rezept kann ein leckeres Mahl hervor bringen. Weiß man noch nicht, wie kochen funktioniert, geht es ohne Rezept gar nicht. In der Therapie ist es nötig, die Grundlagen der Körper-funktionen und die Mittel und Wege der Behandlung zu kennen.

Doch mit der Zeit ist es möglich, Wissen mit Intuition zu verbinden. Dann können aus dem Moment heraus neue Entscheidungen getroffen werden, die nicht unbedingt dem Rezept entsprechen und trotzdem ein köstliches Essen herstellen.

Allerdings besteht darin oft auch eine große Gefahr, da viele Menschen glauben spirituell zu handeln und doch wieder ihrem Ego auf den Leim gehen.

Das geschieht, wenn sogenannte Spiritualität zur Überzeugung wird. Hier einige Beispiele:

1. Ein kleines Kind hat hohes Fieber und leidet fürchterlich. Aus tiefer Überzeugung, dass bestimmte Medikamente dem Körper schaden, geben die Eltern dem Kind nichts.

2. Ein leidenschaftlicher Tennisspieler in fortgeschrittenem Alter hat eine Verletzung am Bein. Der Arzt verbietet ihm weiter Tennis zu spielen, da der Mann nun nicht mehr der Jüngste und Tennis doch sehr anstrengend ist.

3. Ein Pferd hat eine schwere Verletzung am Bein, die genäht werden muss. Das Pferd solllange in der Box stehen, damit die Wunde heilen kann. Dadurch entsteht eine große Schwellung, die der Tierarzt bandagiert. Mittlerweile ist bekannt geworden, dass Pferde nicht bandagiert werden sollen. Die Besitzerin befragt eine Tierkommunikatorin, die ihr von dem Pferd übermittelt, dass die Bandage unbedingt abgenommen werden muss und das Pferd wieder bewegt werden möchte. Die Besitzerin ist überzeugt von der Wahrheit dieser

Aussage, dadurch platzen die Nähte und das Bein schwillt weiter an.

Zu 1: Manchmal kann man doch einfach auch den leichteren Weg gehen. Wenn man an die Präsenz Gottes glaubt, weiß man, dass die Energie Gottes in allem ist und somit doch auch in den Medikamenten. Ist es nicht wundervoll, dass wir in der heutigen Zeit die Möglichkeit haben, große Schmerzen zu nehmen? Das Gegenteil ist, dass wir mittlerweile ohne viel Bewusstsein Mengen von Tabletten in uns reinschmeißen. Der goldene Mittelweg ist das bewusste Wahrnehmen einer Krankheit und die dankbare Annahme der fantastischen Möglichkeiten. In sich zu gehen und zu fühlen, welche Art der Handlung ist hier, in diesem Augenblick, angesagt. Ist es der Weg des Leidens oder die Chance dem Körper das Leiden zu nehmen und den Prozess der Heilung zu beginnen? Wenn man dann feststellt, dass dieser Körper es alleine schafft, ist es ein großer Unterschied zu der Entscheidung keine Medikamente zu geben.

Zu 2: Die Aussage meiner Ausbilder in der Manuellen Therapie war immer: „Use it or loose it!" Benutze es oder verliere es. Dieses Beispiel stammt aus den Anfängen meiner Arbeit in der Physiotherapie vor 20 Jahren. Viele Ärzte rieten ihren Patienten den Sport bleiben zu lassen, da er zu anstrengend und zu belastend für den Körper sei. Die Folge war meist, dass es noch schlimmer wurde oder eine andere Problematik auftrat. Wenn dieser Mann von Herzen gerne Tennis spielt, dann wird dieser Sport in passender Dosierung für das verletzte Bein, einen Teil der Heilung beitragen. Nimmt man dem Patienten die Vorstellung, wieder auf dem Platz stehen zu können, nimmt man ihm auch die Kraft, die den Körper zur Heilung animiert. Sollte die Zeit gekommen sein, wird dieser Mann von alleine erkennen, dass es an der Zeit ist, sich auf etwas anderes zu konzentrieren. Der Abschied von einer geliebten Tätigkeit ist immer schwer und Abschied braucht immer seine Zeit. Doch in diesem Beispiel soll deutlich werden, dass wir hier in Deutschland sehr häufig den „Studierten" oft mehr Glauben schenken, als der eigenen Intuition.

Zu 3: Sehr gerne arten die Verbindungen zum göttlichen Wissensspeicher in Umwege und Sackgassen des raffinieren Egos aus. Es erzählt uns dann, dass eben die Wissenschaft oft verkehrt liegt und ist überzeugt von der Wahrheit des Gegenteils. Doch ist es unsagbar wichtig immer eine Betrachtungsweise zu wählen, die beide Seiten in Augenschein nimmt, um dann zu entscheiden. Vielleicht für die eine Seite, vielleicht für die andere, vielleicht aber auch etwas von beidem.

Die meisten Handlungen entstehen aus Erfahrung heraus. Das was man einmal erfahren oder gelernt hat, wird im Gehirn gespeichert und für neue Erlebnisse genutzt. Aus bekannten Gedankenmustern zu handeln, bringt uns ein Gefühl der Sicherheit. Es fühlt sich gut an, zu wissen, was man tut.

Jeder hat schon erlebt, wie unangenehm es ist eine neue Klasse zu betreten, eine neue Arbeitsstelle zu beginnen oder auch nur ein neues Auto zu fahren. Bei diesen Beispielen muss man sich in die neue Situation begeben. Bei all unseren täglichen Entscheidungen jedoch wählt unser Gehirn IMMER den Weg der Sicherheit, weil es uns ein gutes Gefühl gibt. Jedes Mal, wenn man nicht aus der Gewohnheit heraus entscheidet und handelt, bekommt man ein ungutes Gefühl. Das Gehirn bringt sofort viele Gründe, weshalb man sich doch wieder für den gewohnten Weg entscheiden soll.

Als ich 16 Jahre alt war, war ich schon Gewohnheitsraucherin und wollte so gerne aufhören, da ich viel lieber Joggen wollte. Als Gegenargument brachte mein Kopf, dass ich doch jeden Morgen meine Zigarette brauche, damit meine Verdauung zufriedenstellend funktioniert. Dass der Körper sich bei sportlicher Betätigung und entsprechender Ernährung auch ordentlich funktioniert, war kein passendes Argument und es sollte noch weitere zehn Jahre dauern, bis ich den Glimmstengel zum letzten Mal ausdrückte.

Für die Entscheidungen des Gehirns ist grundsätzlich das Abwägen von Vergangenheit und Zukunft nötig. Das ist natürlich sehr sinnvoll, doch glauben die Gedankenmuster des Gehirns ausschließlich an die schon gemachten Erfahrungen und gelernten Wissensinhalte. Somit sind viele neue Möglichkeiten nicht möglich, weil von vorne herein im Gehirn entschieden wird, dass es nicht geht. So kann eine überzeugte Alternativheilerin sinnvolle Maßnahmen der Allgemeinmedizin als schlecht verurteilen, da ihr Gedankenmuster es ihr exakt so vorgibt. Viele Allgemeinmediziner sind ebenfalls nicht offen für Alternativheiler, weil ihrem Wissensspeicher die Informationen fehlen, dass Heilungen auf diesem Wege auch möglich sind.

Die Information, was denn nun die richtige Methode ist, kann man nur im Augenblick finden. Sowohl in der Alternativheilkunde, wie auch in der wissenschaftlich begründeten Medizin entstehen die Wissensinhalte aus gesammelten Erfahrungen und aus den Behandlungsmethoden, die Erfolge gebracht haben. Je mehr Erfolge entstanden, desto größer wurde die Berechtigung der Methode. Einzelne Ausnahmen verschwanden, da für die Wissenschaft immer gilt, was den größten Erfolg bringt. Impfungen gegen verschiedene Krankheiten haben gebracht, dass Krankheiten, wie z.B. Tuberkulose, Kinderlähmung, Diphterie etc. so gut wie verschwunden sind. Die Zahl der Impfschäden dagegen ist sehr gering. Somit steht die Allgemeinmedizin hinter den Impfungen und möchte auch weiter so viele Krankheiten auslöschen. Wer Kinder hat ist meist völlig überfordert, welche Impfungen tatsächlich nötig sind oder überhaupt nötig sind und wie man sich am besten entscheiden soll. Erkundigt man sich, trifft man entweder Fachleute, die natürlich für Impfungen sind oder die absoluten Gegner, die uns Angst machen, welche schrecklichen Schäden entstehen können.

Hier könnte sofort ein völlig neues Buch über die Philosophie des Lebens entstehen.

In meinen Augen ist es auch nicht möglich einem anderen Menschen die richtige Empfehlung für seine Entscheidungen zu geben. Sinnvoll ist, alle Möglichkeiten des Pro und Kontra aufzuführen, um dann „hinzuspüren" was für genau diese Entscheidung sinnvoll ist.

Viele entscheiden sich für Impfungen, weil man das immer schon so gemacht hat und es einem selber auch nicht geschadet hat. Die anderen entscheiden vehement dagegen, weil sie mit der Medizin heute nicht einverstanden sind.

Zu selten bekommt man leider mit, was die Eltern machen, bei deren Kind der Impfschaden diagnostiziert wird oder den Medizingegnern, deren Kind vielleicht eine Hirnhautentzündung durch eine Zecke bekommt.

Weiter oben habe ich erwähnt, dass Lichtarbeit bedeuten kann, dass es jemandem tatsächlich noch schlechter gehen kann. Dass es sein kann, dass der Krebs zum Tode führt oder der Schlaganfall keine Einsicht bringt, das Rauchen und den übermäßigen Genuss von Alkohol zu lassen.

Jeder Mensch hat das Recht den Weg zu gehen, den seine Seele gehen möchte, um das zu lernen, was seiner wahren Entwicklung entspricht.

Kein anderer kann wirklich wissen, was das ist. Doch in der spirituellen Arbeit kann man erfühlen, was in diesem Moment das passende Heilmittel sein kann. Dazu gehört Wissen, Erfahrung, die Motivation frei von Wissen und Erfahrung und das Vertrauen in das Leben.

Ich habe von einer jungen Frau eine schöne Lehre erteilt bekommen. Ich bin überzeugte „Vieltrinkerin". 2 l Flüssigkeit am Tag sagt die Medizin, damit der Körper gut funktionieren kann und genug Transportkapazität für entstandene Schlackestoffe hat. Ich trinke meist das Doppelte und gebe dies auch „voller Überzeugung" weiter. Diese junge Frau trinkt höchstens mal eine Tasse Tee oder Kaffee sonst nichts. Ich war entsetzt und mir war klar, dass die Beschwerden von der mangelnden Flüssigkeit kommen. Bei einer Steinaufstellung, die mir auch immer guten Kontakt zum Körper gibt, kam aber ganz klar zum Vorschein, dass es für ihren Körper völlig in Ordnung ist wenig zu trinken. Sie trug schwer an der Vergangenheit ihrer Vorfahren und dafür war eine täglich warme Mahlzeit viel wichtiger. So kann man sich irren....

Für gute Arbeit ist Wissen nötig. Es ist aber auch nötig zu wissen, dass unser Gehirn ganz schnell Muster baut, die es aus Bequemlichkeit immer nutzen möchte. Somit ist es nötig, auch sich selbst immer wieder in Frage zu stellen.

Das bedeutet nicht, dass man anfängt zu bewerten, etwas gut oder schlecht gemacht zu haben. Somit würde man sich entweder auf die eine oder die andere Seite stellen. Man sollte sich immer wieder in eine Mittelposition stellen und aus einer neutralen oder höheren Position heraus das Gesamtbild betrachten.
In diesem Moment begibt man sich in den Augenblick, der alles beinhaltet. Und genau in diesem Punkt ist es möglich zu handeln, was für diesen Moment passend ist. Das bedeutet auch, dass es sein kann, eine Woche später eine andere Entscheidung zu treffen.

Somit kann es bei einem Kind, das mit 40° Fieber im Bett liegt sinnvoll sein, eine antibiotische Behandlung zu beginnen, auch wenn man weiß, dass Antibiotikum die guten Bakterien des Körpers zerstören wird. Dazu ist eine Unterstützung mit guten Lebensmitteln, „viel Trinken" und vielleicht zusätzlichen naturheilkundlichen Maß-nahmen möglich. Wurde dem Körper beim Zerstören der Krankheitserreger geholfen, kann man ihm danach helfen, das Immunsystem wieder herzustellen. Womit, ist aber in dem Augenblick der Entscheidung für das Antibiotikum nur eine Vermutung. Auch wieder aus der bereits gemachten Erfahrung heraus und dem erworbenen Wissen. Was genau aber zu diesem späteren Augenblick nötig ist, kann nur genau in diesem Augenblick erfahren werden.

In der spirituellen Arbeit gibt es kein gut und schlecht, sondern immer die Annahme, was <u>ist</u>.

Telepathie

*I*n der Vorstellung der meisten Menschen ist Telepathie einfach nur das Übertragen von Gedanken. Doch während man sich mit den Techniken der Gedankenübertragung beschäftigt, begibt man sich gleichzeitig in eine Ebene in der noch viel mehr stattfindet. Man berührt den anderen Menschen tiefer. Das kann wundervoll sein, aber es kann auch sehr verletzend sein. Dies bedeutet wiederum, dass man selber „wundervoller" und verletzlicher wird.

Wie fühlt es sich für Sie an, wenn Sie sich vorstellen, die Person neben Ihnen spürt in Sie hinein und weiß dann, wie es um Sie beschaffen ist?

Mittlerweile ist fast alles kontrollierbar. Doch was hinter unserer Stirn abläuft, ist unser ganz persönliches Gedankengut. Wir glauben, dass es verborgen bleibt und in uns sicher ist. Doch gibt es in diesem großen Speicher der Gedanken und Gefühle auch Geheimnisse, die man selber völlig vergessen und verdrängt hat und eigentlich auch kein Interesse besteht, diese wieder auszugraben. Beginnt man nun sich für die Gedanken anderer zu interessieren und in deren geheimen Speicher einzudringen, wird automatisch auch der interne Speicher aktiviert. In diesem Moment begibt man sich auf den schmalen Pfad, der zur wahren Feinfühligkeit führen kann oder zur Illusion des Egos. Man kann durch Techniken sehr viel erreichen, doch erst wenn man den Mut aufbringt, sein eigenes Spiegelbild zu betrachten, wird Telepathie auch das Herz berühren.

Diejenigen, die sich schon mit Esoterik beschäftigt haben, haben vielleicht auch schon erlebt, dass es Menschen gibt, die einen auf unangenehme Art berühren. Wobei es nicht nur in diesem Bereich stattfindet, sondern einfach diejenigen sind, die das sogenannte Helfersyndrom haben. „Ich weiß, was gut für Dich ist"! „In Deiner Aura kann man erkennen, dass Du unbedingt etwas ändern musst"! Wenn Du nicht endlich anfängst, Dein Leben aufzuräumen, dann…"!

In wessen Verantwortung liegen diese Entscheidungen, oder ob man sich überhaupt entscheidet???

Vor vielen Jahren war ich auf einem Seminar bei Kurt Tepperwein. Er demonstrierte, wie man über den kinesiologischen Armtest herausfinden kann, was für einen stimmig ist. Es ging dabei um die Berufung. Ich durfte nach vorne kommen, da ich wissen wollte, ob eher die Physiotherapie für mich die Arbeit der Wahl sei oder der Lebensberater, dessen Ausbildung ich gerade abgeschlossen hatte.

Ich war sehr nervös, da ich den Lebensberater bei Herrn Tepperwein gemacht hatte und natürlich einen guten Eindruck hinterlassen wollte, wie toll seine Arbeit ist. Nun, der Körper lügt nicht und zu meinem Erstaunen war die Physiotherapie schwach, der Lebensberater aber auch nicht sehr viel stärker. Herr Tepperwein stellte völlig neutral fest, dass alle beide nicht meine wahre Berufung seien und ich noch etwas Neues entdecken muss. Ich war sehr erstaunt, denn damit hatte ich nicht gerechnet. Was sollte denn da noch kommen? In der Pause kam ein Kursteilnehmer zu mir und meinte mir mitteilen zu müssen, dass ich unbedingt energetisch Arbeiten muss. Reiki wäre doch das Mittel der Wahl und für mich absolut stimmig. Und genau da war dieses Gefühl!

Das Gefühl emotional belästigt zu werden. Dieser Mann mischte sich in meine Gefühlswelt ein, ohne, dass ich ihn darum gebeten hatte. Und Reiki habe ich bis heute nicht gelernt, da es für mich einfach nicht passend ist. Ich bin zu sehr Kopfmensch und benötige Ausbildungen mit Hintergrund, der für mich einen Sinn ergibt.

Mittlerweile verstehe ich natürlich die Wirkungsweise und den Sinn hinter Reiki, doch war mein Weg zu meiner Berufung die Ausbildung der Craniosacralen Integration. Damit konnte ich tatsächlich alles integrieren und mit den Techniken gleichzeitig meinen Weg der Heilung gehen.

Die Telepathie hatte ich schon viel früher gelernt, doch war mir die ganze Zeit nicht bewusst, wie sehr ich mit ihr verwurzelt war. Durch die Körperarbeit und die Rückführungen spürte ich, wie ich die Gedanken immer schneller und deutlicher wahrnehmen konnte. Schnell tappte ich wieder in die Egofalle, wie spirituell ich doch bin und auf dem Weg eine große Meisterin zu werden. Vielleicht fühlte ich mich schon als Meisterin. Ich gab Kurse und lehrte die gelungene Lebensqualität. Das war der Name meiner Praxis im Allgäu. Ich hatte Erfolg und Anerkennung und war somit rundum zufrieden.

Doch geht das Leben gerne andere Wege und es kommen immer wieder die Prüfungen, ob man denn tatsächlich all das auch wirklich verstanden und verinnerlicht hat, was man den andern so „predigt".

Bei meinem Umzug ins Rheinland war ich mir sicher, gleich wieder eine neue Praxis zu gründen und genau so weiter zu machen. Und dann kam alles anders.

Ich wollte nie mit Pferden arbeiten oder sogar Reitunterricht geben. Das war der Beruf meiner Mutter und ich glaubte, nichts damit zu tun zu haben. Pferde waren mein Hobby und für 30 Jahre auch meine Helfer, um Selbstbewusstsein zu erlangen, was mir bis dahin allerdings nicht bewusst war. Ich war begeisterte Turnierreiterin und dabei auch immer sehr erfolgreich. Platzierungen waren fast eine Selbstverständlichkeit geworden. Meine neue Stute, die mit ins Rheinland kam, war da allerdings anderer Meinung, was mir anfangs überhaupt nicht bewusst war. Sie streikte und ich nutze alle Mittel, um sie von ihrem Glück als Turnierpferd zu überzeugen. Wer meine Arbeit mit den Pferden kennt weiß, dass sie gewonnen hat. Doch habe auch ich gewonnen. All die vielen Pokale, die ich früher im Schrank hatte, waren wundervoll um zu fühlen, wie sich Erfolg anfühlt. Doch dieser Erfolg findet im Kopf statt. Wenn ich mich jetzt zurückerinnere, waren viel kleinere Erlebnisse, etwas mit dem Pferd geschafft zu haben, viel ergreifender. Mein erster L-Parcours, zwar mit Fehler, aber geschafft. Die erste schwäbische Meisterschaft, bei der ich so Angst hatte, dass mein Pferd mich durch die Geländestrecke bringen musste und ich nur noch lenkte. Wir hatten zwar einen Fehler und sind nicht platziert worden, aber ich durfte zum ersten Mal erleben, wie es ist, so tief mit einem Wesen verbunden zu sein.

Und die Pferde waren es auch, die mich in meiner neuen Heimat so tief zu mir selbst brachten. Je mehr ich mich für diese Tiere öffnete, je mehr fühlte ich auch für mich. Am Tag der Trennung von meiner Tochter hatte meine Stute einen schweren Unfall. Dieser stellte sich viel später als ein wahrer Segen für mich heraus. Es war, als ob dieses Pferd mir den Trost schenkte, den ich so dringend benötigte. Ich verstand immer mehr, was für Möglichkeiten vorhanden sind, wenn man sich auf diese besonderen Wesen tatsächlich einlässt. Ich fing an von Pferden zu träumen, die im Traum mit mir sprachen. Nebenbei gab ich in dem Stall, wo Mura untergebracht war Unterricht und genau da traf mich dann eines Tages die Erkenntnis den Reitern die telepathische Arbeit zu vermitteln.

Im Allgäu habe ich schon viele Seminare über Telepathie gegeben, doch hier geschah nun etwas anderes. Ich habe den Mut gefunden mich einzulassen. Erst auf die Pferde und dadurch immer mehr auf mich. Mir wurde bewusst, dass nichts umsonst geschieht. Alles läuft nach dem Plan des Lebens. Wenn man den des Umgang der Pferde untereinander beobachtet – wenn sie gemeinsam leben dürfen und nicht in eine Box gesperrt werden – stellt man einen liebevollen Respekt fest, der so viel Frieden ausstrahlt. Diesen Frieden zu erreichen ist das größte Geschenk, das man erhalten kann. Pferde sind wahre Meister im Annehmen. Die Pferde, die noch in der 4x4 m Box gehalten werden, da diese Größe vor vielen Jahren einmal als ausreichend erklärt wurde, nehmen dies hin. Genauso unsere Herdenpferde, wenn sie schon hungrig abwarten, wenn man noch mit dem säubern der Boxen beschäftigt ist.

Sie machen keine mentale Visualisierungsarbeit, damit der Mensch schneller mistet. Sie nehmen den Moment so wie er ist, auch wenn das Gefühl des Hungers nicht angenehm ist. Unser Kopf mag keine unangenehmen Gefühle und somit versuchen wir mit allen möglichen Mitteln und Methoden zu verhindern, dass wieder ein „schlechtes" Gefühl entsteht. Im Frieden leben bedeutet ALLE Gefühle zu leben und alles anzunehmen, wie es das Leben in diesem Augenblick für uns „für richtig hält"!

Was hat das nun mit Telepathie zu tun?

Wer dieses tiefe Feingefühl trainiert, in sich entwickelt und somit immer mehr wahrnimmt, wird sich freuen, wenn man etwas richtig wahrgenommen hat oder auch eigene Botschaften beim Empfänger angekommen sind. Doch wird dieses Feingefühl auch bewirken, dass man Dinge erfühlt, die in unserer Gedankenwelt nicht gut aussehen. Dabei ist es ganz wichtig zu erkennen, dass jeder Mensch ein Recht auf Entwicklung hat.

Wir „Helferlein" glauben aber immer, dass wir beim „Wickeln" (entwickeln) helfen müssen. Doch nur wer die Erfahrung selber macht, erfährt auch etwas.

Wir glauben die Dinge verhindern zu müssen. Vor allem glauben wir, dass wir die Macht haben, die Dinge verhindern zu können. In der kopfgesteuerten Welt schließt man Versicherungen ab, um den Ruin durch einen Unfall zu verhindern in der „esoterischen" Welt macht man Mentaltraining, um den Unfall zu verhindern. Hier soll keine Diskussion über Mentaltraining ja oder nein stattfinden. Hier soll die tiefe innere Entscheidung fallen „Ja" zum Leben zu sagen und zu all dem, was das Leben zu bieten hat. Wir sind hier um zu fühlen und zu erleben. Wie sollen wir den Zauber eines Sonnenstrahls auf der Haut fühlen, wenn die Wolken nicht vorher wochenlang den Himmel bedeckt haben?

Wir können einem Kind hundert Mal erklären, dass eine Herdplatte heiß ist. Es wird uns erst verstehen, wenn es die heiße Herdplatte tatsächlich gefühlt hat.

Doch diese eine Erfahrung reicht aus, um zu wissen!

Dieses eine Mal macht etwas mit einem. Dieses eine Mal verursacht, dass nichts mehr so ist, wie es war.

Doch bis dahin waren viele Erlebnisse nötig, die in unseren Köpfen als „unnötig", „sinnlos", das hätte man sich sparen können" gelten.
Jeder hat ein Recht, diese Erfahrungen zu machen, um sich selbst zu finden. Was hat all dies mit Telepathie zu tun?
In meiner Praxis im Allgäu war für lange Zeit eine Dame bei mir in Behandlung, die bereits einen Krebs überstanden hat und nun auf der Suche nach wahrer Heilung war. Wir verstanden uns prächtig und ich war der Meinung, ihr mit all meinem Wissen über die Möglichkeit, das Leben positiv zu verändern, helfen zu können. Bei einer Behandlung mit einem Magnetroller wurde ich ohnmächtig. Die Energie hat mich einfach ausgeknockt. Verstanden habe ich diesen Augenblick erst, als ich im Rheinland die Todesanzeige erhalten habe. Mittlerweile weiß ich, dass ich ihr zwar nicht so geholfen habe, was wir unter helfen verstehen, doch ich habe sie so begleitet, dass sie ihren Weg gut gehen konnte. Und ich habe verstanden, dass Telepathie nicht aus Gedanken senden und empfangen besteht, sondern alle Kanäle der Wahrnehmung öffnet.
Wir müssen uns bewusst sein, dass Telepathie eine wundervolle Form der Kommunikation ist und uns lehrt uns auf die Ebene des Herzens zu begeben. Doch ist der Satz: „Was Du nicht willst, das man Dir tu´, das füg auch keinem andern zu", von unermesslicher Bedeutung.

Wer mit Telepathie arbeiten möchte, sollte somit vor allem an der Reinheit des eigenen Herzens arbeiten. Telepathie ist eine große Chance, den „guten Draht" zu sich selber zu finden. Dabei sollte man sich immer wieder selber hinterfragen. Nicht verurteilen, nur feststellen. Ich durfte mir vor kurzem anhören, dass ich all meine Arbeit nur mache, um darin meine Bestätigung zu finden und meinen Selbstwert aufzubessern. So etwas zu hören ist ein mächtiger „Klopfer" und tut ganz schön weh. Doch weiß ich, dass ich aus meinem Herzen heraus handle und mein Antrieb die Liebe zum Menschen ist. Aber wenn mir jemand berichtet, dass ihm meine Arbeit gut getan hat, dann freut sich natürlich mein Ego. Na und? Ich bin nämlich auch ein Mensch, der Lob toll findet und sich bei Kritik schrecklich fühlt, auch wenn sie noch so konstruktiv ist. Das darf ich! Ich freue mich, wenn mein Kuchen allen lecker schmeckt. Auch wenn ich begriffen habe, dass man backt, um zu backen und nicht um des fertigen Kuchens wegen.

Ein reines Herz bedeutet nicht eine weiße Weste zu haben, sondern ehrlich zu sein. In aller erster Linie ehrlich zu sich selber. Das bedeutet alle Gefühle so anzunehmen, wie sie kommen.

Bei einem selber verstehen wir das noch ganz gut. Doch, dass auch der Andere alle Gefühle haben darf, sieht schon ganz anders aus. Wie geht es Ihnen, wenn sie ein tobendes Kind auf dem Boden liegen sehen? Das möchte man am liebsten abschalten. Man blickt vorwurfsvoll auf die Eltern und erwartet, dass die doch endlich etwas unternehmen sollten. Die einen erwarten, dass man diesem Gör ordentlich den Hosenboden versohlt, die nächsten, dass man ihm ruhig erklärt, dass sein Verhalten unangemessen ist oder ähnliches. Als Mutter möchte man am liebsten im Erdboden versinken, da das einzige Gefühl in diesem Augenblick Hilflosigkeit ist. Und Hilflosigkeit wird recht schnell zu Wut. Ein gutes Gefühl, um angemessen zu reagieren. Was auch immer passiert, es wird das geschehen, was in den Gedankenmustern der Betroffenen vorhanden ist. Doch wird selten bedacht, dass dieses Kind in dem Augenblick einfach nur wütend ist. Dieses Gefühl wird durch die Ausschüttung von Hormonen ausgelöst. Sobald die Hormone abgebaut werden, lässt die Wut nach. Wenn man also in diesem Augenblick dem Kind einfach zugesteht wütend zu sein, ohne es verändern zu wollen, löst der Körper das von alleine. Wie dann die folgende Situation aussieht, spielt dabei keine Rolle. Wir versuchen die Wut wegzumachen. Das ist nicht möglich. Das Kind darf wütend sein. Wenn es merkt, dass auf dem Boden herumwälzen nicht zum erwünschten Ziel führt, wird es lernen, eine vielleicht etwas attraktivere Möglichkeit zu finden, seine Wut zum Ausdruck zu bringen. Doch versuchen wir die Wut zu beseitigen, lernt das Kind die Wut runterzuschlucken. Die Folgen tragen die meisten von uns in ihren Mägen, der Galle oder im Darm.

Wenn wir also lernen in einen Körper zu fühlen und entdecken hinter dem Sodbrennen die Wut, die bereits auf dem Weg zurück ist, dann darf sie da sein. Wir können den Betroffenen, es handelt sich meistens um Männer, da wir Frauen noch mehr und tiefer bis zum Zwölffingerdarm und die Galle verdrängen, darauf aufmerksam machen. Dabei besteht für ihn die Möglichkeit, hinter die Kulisse seiner Beschwerden zu blicken und die Ursachen für die Wut, die meistens in der Kindheit entstanden sind, zu betrachten. Das kann er tun, muss er aber nicht. Sie können Ihm anbieten ihn bei der Heilung zu begleiten. Somit darf er heilen, muss er aber nicht. Wenn wir glauben, ihn durch unsere Energie heilen zu können, dann unterliegen wir einfach einem Irrtum. Doch wenn er heilt, weil unsere Energie des Herzens, die Heilung in sich trägt, ihn berührt, dann hat sich seine Energie der Heilung durch uns an sich selbst erinnert. So ist Heilung möglich.

Es gibt so unendlich viele, die sich Heiler nennen, ob bei Tieren oder bei Menschen. Blickt man aber in deren Leben, findet man Chaos und Unordnung. So entsteht der unseriöse Eindruck von der Arbeit mit alternativen Heilmethoden. Ich kann natürlich im Chaos leben, doch wenn ich das ganz bewusst mache, dann wird das auch so wirken. Doch wenn man nach außen seine Rollläden schließt, um sich vor bösen Blicken zu schützen, zwanzig Bewegungsmelder montiert, um nicht durch die Dunkelheit zu laufen, ist es sehr seltsam, wenn man Angsttherapie anbietet.

Die Lösung ist ehrlich zu sich selber zu sein. Wenn ein Mensch Angst hat, und gelernt hat damit umzugehen, kann es sein, dass er den Wunsch verspürt, auch anderen mit ihrer Angst zu helfen. Dabei lautet das Angebot: „Ich habe auch Angst, doch ich habe gelernt damit umzugehen"!

Alles darf sein. Wer Telepathie erlernt, darf hinspüren und nachfragen, aber man muss akzeptieren und annehmen was dabei herauskommt. Man muss den Mut haben, sich des Spiegelbildes im Anderen bewusst zu sein und den eigenen Dämonen begegnen wollen. Telepathie ist immer sowohl als auch. Himmel und Hölle. Leben und Tod. Heilung und Krankheit. Liebe und Angst.

Übungstechniken

Achtung! Bei allen Übungen ist ein Handy am Körper sehr störend und kann die effektive Arbeit völlig verhindern!

Beobachten

Die einfachste Möglichkeit, sich mit Telepathie vertraut zu machen, ist das Beobachten von anderen. Durch das klare Hinschauen zu einer Person, wird automatisch Energie in diese Richtung geschickt.

Machen Sie sich bewusst, was Sie fühlen, wenn Sie sich auf diese Person konzentrieren. Welche Gedanken gehen Ihnen durch den Kopf? Was verändert sich in ihnen? Welche Gedankenmuster laufen in ihrem Gehirn ab?

Die folgenden Übungen öffnen erste Kanäle für die tieferen Formen der Wahrnehmung. Gleichzeitig geben sie Aufschluss über einen selber. Alles, was ich im anderen gut oder schlecht finde, hat immer auch etwas mit dem Programm in meinem Kopf zu tun. Durch die ehrliche Betrachtungsweise der Bewertungen, erkennt man seine persönlichen Muster. Somit wird es später leichter zu unterscheiden, ob das was man denkt oder fühlt zum eigenen Muster gehört oder vom anderen stammt.

Beobachtet man Leute, die an einem Tisch sitzen, kann man schon die ersten Versuche starten Gedanken zu senden. Dabei ist die Grundlage der Telepathie wichtig, dass niemals das gedachte Wort vermittelt werden kann, sondern immer die entsprechenden Handlungen oder

Gefühle. Erst mit viel Erfahrung und meistens nur, wenn man den Menschen gegenüber gut kennt, kommt es vor, tatsächlich die Gedanken des anderen im vollen Satz wahrzunehmen. Am leichtesten geht die Übermittlung von Bildern. Somit kann man mit Bewegungen des Kopfes oder der Arme beginnen. Sollten sie auf die Idee kommen, dem „Opfer" zu senden, den Finger in die Nase zu stecken, fragen sie sich bitte, wie sie das finden würden, wenn jemand dies mit ihnen macht!

Eine sehr sinnvolle Möglichkeit der Übung ist den Kellner gedanklich auf sich aufmerksam zu machen und ihm das Bild zu schicken, wie er auf den, an dem man sitzt Tisch, zukommt

Auch gilt es immer zu bedenken, ob die gesendeten Gedanken denjenigen in seiner Konzentration stören könnten. In einem Fachvortrag wäre es ziemlich unfair, den Referenten ins Wort zu funken.

An der Kasse im Supermarkt kann man von der Warteschlange aus der Kassiererin schon ein Lächeln auf das Gesicht zaubern, um dann nach einem netten Wortwechsel mit einem tollen Gefühl aus dem Laden zu gehen. Dabei wird auch die Kassiererin sicher ein gutes Gefühl behalten.

In der Warteschlange beim Bäcker ist oft nicht mehr ganz so klar, welcher Kunde als nächster bedient wird. Auch hier kann man seine Konzentration auf die Aufmerksamkeit der Verkäuferin lenken. In kurzer Zeit werden sie von den anderen Kunden spüren, ob sich jemand vordrängen möchte oder die richtige Reihenfolge eingehalten wird.

In Gesprächen ist unser Kopf voll auf damit beschäftigt, schon während dem Zuhören die Worte zu formulieren, die er in der nächsten Sprachlücke des Gesprächspartners loswerden möchte. Man nimmt sich nicht die Zeit zu fühlen, was stimmig ist zu sagen, sondern handelt wiedermal nach den bekannten Denkmustern im Kopf. Wenn man weiß, in welche Richtung das Gespräch gehen soll, kann man dieses mit passenden Bildern im Kopf unterstützen, ohne verzweifelt nach Argumenten zu suchen. Dabei geschieht öfters, dass das Gespräch an sich gar nicht so erfolgreich verläuft, aber das Gesamtergebnis genau passt.

Energiekörper fühlen

Um gezielt Kontakt zu andern Menschen und Lebewesen aufzunehmen ist die Wahrnehmung der Energiekörper eine gute Möglichkeit, die Sensibilität zu verfeinern. Unser Körper ist aus ca. 10 – 100 Billionen Zellen zusammen gebaut. Alle diese Zellen schwingen und bewegen sich, wodurch ein körpereigenes Energiefeld zustande kommt. Dieses spürbare Schwingungsfeld um den Körper herum wird auch als Aura bezeichnet.
Diese Energie kann man sich wie eine Kugel rund um den sichtbaren Körper des Menschen vorstellen.
Übrigens auch von jedem anderen Lebewesen. Wenn man betrachtet, wie man sich in der westlichen Gesellschaft die Hände reicht, kann man schon mit den Augen ungefähr den Abstand der Energiekörper erkennen. Wie unangenehm ein ungewolltes Eindringen in diesen Bereich ist, zeigt der Aufenthalt in einem vollen Fahrstuhl. Man möchte nicht, dass Fremde einem zu nahe treten. Der passende Abstand ist meist eine Armlänge vom Körper entfernt.

Um das Feingefühl und die intuitive Wahrnehmung zu trainieren ist das Abtasten dieser Energiehülle eine prima Möglichkeit.

Dies geschieht als Partnerarbeit. Einer steht und nimmt wahr, wann er das Gefühl hat, an seinem Energiekörper „berührt" zu werden. Der andere geht auf den Partner zu und nimmt wahr, wann er diesen Energiekörper erreicht. Das geht anfangs am besten mit ausgestrecktem Arm. Hierbei ist es wichtig, in beide Rollen zu schlüpfen, um sowohl von außen zu fühlen, als auch wahrzunehmen, berührt zu werden. Je öfters man diese Übung macht, desto sicherer wird das Gefühl werden. Mit der Zeit werden Sie erleben, dass Sie auch andere bei dieser Übung beobachten und „sehen" können wie der Energie-körper berührt wird.

Manchmal kommt es vor, dass derjenige der steht die Berührung nicht wahrnehmen kann. Das hat damit zu tun, dass hier eine Problematik der eigenen Grenzen vorhanden ist. Dort sollte auf anderem Wege erkundet werden, wo und wann Grenzüberschreitungen stattge-funden haben, die verhindern zu fühlen. Das können zum Beispiel ständige Beleidigungen als Kind sein oder auch handgreifliche Eingriffe in die Intimsphäre des Menschen. Wobei zu beachten gilt, dass jede Kritik und jedes verletzende Wort uns in unserer Intimsphäre trifft. Es ist auch möglich, dass mangelnde Zuneigung die Grenzen gelockert haben, um mehr Berührung erfahren zu können. All diese Dinge können schon vermutet werden, nur durch das einfache abtasten der Energiehülle unseres Körpers. Je klarer unser Geist wird und je freier unsere Absicht, desto leichter werden uns Informationen aus der Tiefe erreichen, welche Aufschluss über uns und unseren Gegenüber geben.

Diese Übung sollte einen Telepathen immer wieder begleiten, damit man nie vergisst, dass jedes tiefe „Hineinspüren" ein Eindringen in die persönliche Welt unseres Gegenübers ist. Man sollte lernen wahrzunehmen, ob es in Ordnung ist, sich energetisch zu nähern. Sobald man einen stärkeren Widerstand spürt, ist das ein Zeichen sich zurückzuziehen. Menschen, die kommen und um Hilfe bitten, sind eher bereit, den Blick hinter die Kulissen zu gestatten. Doch kann es auch da sein, dass noch keine Bereitschaft vorhanden ist, die alten Baustellen anzuschauen. Ich bitte dies respektvoll zu akzeptieren und vertrauensvoll zu wissen, dass alles seine Zeit benötigt.

In den meisten Fällen spreche ich nicht darüber, was ich wahrnehme. Manchmal frage ich indirekt nach, ob jemand erfahren möchte, was sich mir zeigt. Werde ich direkt danach gefragt, nehme ich gerne unterstützende Maßnahmen, wie z.B. die Systemische Aufstellung, eine Steinaufstellung oder auch eine Körperbehandlung als Mittler hinzu.

Wiederum möchte ich darauf hinweisen, dass wir immer Gefahr laufen, von unseren eigenen Mustern überrollt zu werden und die Wahrnehmung mit eigenen Verletzungen und Verhaltensgewohnheiten vermischt wird. Das erwähne ich gerne bei meinen Aussagen. Somit verlassen die Aussagen die prophezeiende Ebene und können von der betroffenen Person neutral aufgenommen und verarbeitet werden. Das macht es leichter zu sagen, ob etwas passt oder vielleicht sein könnte.

Ich habe zu oft zu hören bekommen, dass jemandem bei einer Aufstellung erklärt wurde, dass der Vater doch nicht der Vater ist, das aber nun nicht mehr zu klären ist, weil alle Betroffenen schon gestorben sind. Das sind gefährliche Aussagen, die einen Menschen völlig durcheinander bringen können. Denn es besteht auch die Möglichkeit, dass der Vater nie Liebe erfahren hat, weil er zum Beispiel im Heim aufgewachsen ist und somit keine Vater-Kind-Liebe empfinden konnte. Das ergibt eine völlig andere Energie, kann sich allerdings in der Aufstellung darstellen, als ob das Kind nicht von ihm ist. Ebenso gefährlich ist vermuteter Missbrauch, der nicht mehr nachgewiesen werden kann. Wenn derjenige, der dies wahrnimmt selber als Kind missbraucht wurde, können da seelische Verletzungen beim anderen schnell falsch interpretiert werden.

Auch das energetische Eindringen in die Persönlichkeitsebene des Anderen ist unerwünscht eine Form von Missbrauch.

Wenn ein Mensch seinem Herzblatt ständig Liebe schickt, weil er glaubt damit etwas Gutes zu tun und die Gegenliebe zu bestärken, kann dies den anderen in fürchterliche Bedrängnis führen und sich wie Missbrauch anfühlen.

Wenn Einer ohne Wenn und Aber fremdgeht, ohne sich in die Lage seines Partners zu versetzen, ist das auch eine Form von Missbrauch. Vertrauensmissbrauch. Wenn klar darüber gesprochen wird, dass man nicht treu sein kann, kann auch kein Missbrauch stattfinden.

Machen Sie sich selber Gedanken und Notizen, wann und wo in Ihrem Leben eine Form von Missbrauch stattgefunden hat. Umso leichter wird es Ihnen fallen, neutral und wertfrei die Energien der anderen wahrzunehmen.

Steine fühlen

Der nächste Schritt sich mit Telepathie vertraut zu machen, ist das „erraten" von Gegenständen. Dazu ist ein Übungspartner nötig.

Anfangs ist es sinnvoll mit jemandem zu üben, mit dem man einen „guten Draht" hat. Unkonzentriertheit und Verurteilung bringen nur Unzufriedenheit hervor. Am besten klappt es, wenn man durch ein gutes Gespräch oder eine herzliche Umarmung schon einen positiven Kontakt hergestellt hat. Bei der Übung müssen auch beide zusammen arbeiten. Es geht dabei um senden und um Wahrnehmung. Einer nimmt einen Stein in eine Hand, so dass es der Andere nicht sehen kann, in welcher Hand der Stein liegt. Derjenige, der den Stein hält, spürt nun ganz intensiv den Stein in seiner Hand, um so die Energie dort hinzuleiten. Der Andere spürt nun in welcher Hand sich der Stein befindet. Man kann dazu auch gerne eine Hand über die Hände des Partners halten und versuchen zu fühlen, ob man eine veränderte Energie wahrnimmt. Diese Übung ist sehr einfach und sehr effektiv. Vor allem Kinder haben großen Spaß an diesem Spiel mit Energien. Doch kann es sein, dass es für das Kind leichter ist, den Stein zu finden, als Ihnen die richtige Hand zu senden.

Laufen

Die beliebteste Übung auf meinen Seminaren ist das Senden des Auftrags den Übungspartner loslaufen zu lassen. Auch hier lohnt es sich mit der oben beschriebenen Übung, den Energiekörper zu fühlen, zu beginnen. So entsteht eine Vertrauensbasis zum Übungspartner und die Gedanken können leichter wahrgenommen werden.

Bei dieser Übung ist die Arbeit mit Bildern von ausschlaggebender Bedeutung. Außerdem ist die ständige Bestätigung, dass man tatsächlich den Impuls gesendet hat sehr wichtig, um Unsicherheit zu vermeiden.

Der „Läufer" stellt sich hin, der „Sender" dahinter. Damit er sich ein Bild machen kann, bittet der Sender den Läufer erst einmal loszulaufen. Zurück am Ausgangspunkt soll sich der Läufer entspannen und dann loslaufen, wenn er das Gefühl hat loslaufen zu müssen. Die Wahrnehmungen sind dabei von Mensch zu Mensch unterschiedlich. Manche fühlen einen Druck von hinten, andere bekommen Gänsehaut oder wissen einfach. Auch hier gilt, Übung macht den Meister. Allerdings kann man nicht vorhersagen, dass der Andere etwas Bestimmtes fühlen muss. Somit konzentriert er sich genau auf das, was vielleicht gar nicht seiner Wahrnehmung entspricht.

Der Sender atmet tief durch. Anfangs ist es sinnvoll, den Kopf zur Seite zu drehen, da man meistens schon zu Beginn „am Senden ist".

Durchführung:

- ➤ Kopf zur Seite drehen
- ➤ tief durchatmen
- ➤ Kopf gerade drehen
- ➤ Bild des Loslaufens schicken
- ➤ Wenn der Partner passend losgelaufen ist **sofort** bestätigen

Ziel ist, dass der Läufer sofort losläuft. Alles andere muss geübt werden. Oft kann man erkennen, dass der Läufer beim ankommenden Gedanken sich leicht bewegt. Oft verhindern unsere Kopfmuster, „das kann es jetzt doch nicht gewesen sein", die Aktion.

Vertrauen in die eigene Wahrnehmung muss dabei grundsätzlich geschult werden.

Leichter fällt diese Übung in der Gruppe und unter Begleitung geschulter Intuitionsbegleiter. Doch lohnt es sich immer, diese Übung immer wieder gemeinsam zu üben, um Erfahrung zu sammeln und das Feingefühl zu trainieren. Es werden immer gleichzeitig alle Ebenen trainiert und somit verändert sich automatisch die eigene Wahrnehmung der inneren und der äußeren Welt.

Wenn das Loslaufen gut gelingt, kann man als nächsten Schritt das Anhalten zufügen.

Durchführung:

- ➢ Aufstellung wie oben
- ➢ Loslaufen schicken
- ➢ ! Bestätigen, wenn es gut gelungen ist !
- ➢ Nach einigen Schritten (nicht zu viele, da es anfangs verunsichert) das Bild schicken, wie der Läufer stehen bleibt
- ➢ Wieder sofort bestätigen

Natürlich ist es äußerst wichtig, dass der trainierende Telepath immer wieder die Rolle wechselt.

Körpersprache

Die meisten verstehen unter Körpersprache den kommunikativen Ausdruck hinter Gesten und Verhalten. Auch das kann ein gutes Mittel sein, seine Wahrnehmung zu schärfen. Samy Molcho (3) gilt als einer der bedeutendsten Pantomimen des 20. Jahrhunderts und hat viele Bücher über Körpersprache geschrieben. Es lohnt sich, sich mit dieser Form der Kommunikation auseinanderzusetzen, um seine eigene Wahrnehmung zu schärfen. Pferdefreunde lernen in modernen Seminaren im Umgang mit dem Pferde die Sprache der Tiere untereinander kennen, um mit diesen dann selber besser umgehen zu können. Doch die meisten vergessen dabei, dass auch wir Menschen genau diese Signale und Zeichen setzen, wenn wir miteinander kommunizieren.

Wenn unser Mund etwas sagt und der Körper den Gegensatz ausdrückt, wird der Empfänger auf das Körpersignal reagieren. Das klassische Frauenproblem lautet: „Er nimmt mich nie richtig in den Arm". Doch die meisten Frauen (und auch Männer, aber die merken es nicht mehr, weil „Männer so etwas nicht machen") haben schon in der Kindheit so viel Zurückweisung erlebt, dass ihr Körper von vorne herein ein „fass mich nicht an" signalisiert, um nicht wieder enttäuscht zu werden.

Die Eigenbeobachtung bringt ganz viel Klarheit im Umgang mit seinen Mitmenschen. Wie verhalte ich mich, wenn ich einen Raum betrete? Was passiert mit meiner Stimme, wenn ich jemanden anspreche? Stehe ich aufrecht oder lasse ich die Schultern hängen? Welchen Eindruck hinterlässt meines Erachtens meine Kleidung? Bin ich echt? Spreche ich aus dem Herzen? Kann man sehen, dass ich aus dem Herzen spreche? Möchte ich mein Herz überhaupt freigeben?

Telepathie ist nur mit dem Herzen möglich. Bin ich nicht bereit, mein Herz für alle zu öffnen, wird wahre Gedankenkommunikation nicht stattfinden.

Und da kommen wir an den Punkt der eigenen Körpersprache. Was hat mein Herz dazu zu sagen? Die meisten nehmen ihren Körper nur wahr, wenn er bedürftig ist. Hunger, Durst, Müde, Lust, etc. sind die gewöhnlichen Meldestationen unseres Körpers. Wenn etwas nicht funktioniert, bekommt man Schmerzen oder anderes Unwohlbefinden. Doch es geht noch viel mehr. Man kann lernen mit seinem Körper direkt zu reden. Fragen Sie Ihren Magen doch mal, wie es ihm geht! Dadurch wird die Konzentration auf das Organ gelenkt und eine feinere Wahrnehmung wird möglich. Als visueller Typ nimmt man vielleicht eine rote Farbe wahr, wenn man mal wieder sauer war über eine bestimmte Situation. Oft geschieht es, dass der Bauch anfängt zu blubbern und zu grummeln, wenn man seine Gedanken auf ihn lenkt. Und beim akustischen Typ kann es sein, dass der Magen auch seine Meinung sagt. Wenn man darüber nachdenkt, ob die Wahrscheinlichkeit besteht, dass man ein Magengeschwür bekommt, findet dieser Vorgang im Kopf statt. Dort wird man die intuitive Information nicht erhalten. Erst wenn man die Aufmerksamkeit auch an den Ort des Geschehens bringt wird es möglich, von dort Information zu erhalten. Man kann sich auch vorstellen, in seinen Magen zu schlüpfen. Ziel ist, sich mit seinem Bewusstsein „vor Ort" zu befinden. Abends vor dem Einschlafen kann man eine Reise durch den Körper machen. Wichtig dabei ist, den Körper gut zu lüfte, d.h. tief durchatmen. Unser Atem beeinflusst ganz viele unserer Empfindungen und somit kann man durch den Atem auch Situationen beeinflussen. Oft hält man unbewusst die Luft an. Dadurch wird auch der Fluss der Energie verhindert. Anders verhält es sich, wenn man ganz bewusst den Atem für eine kurze Zeit zur Ruhe kommen lässt. Dann ist die Konzentration aber auch voll und ganz beim Atem und der Ruhe, die im Körper durch das Verharren im „nicht atmen" entsteht. Manchmal geschieht dies von alleine, wenn man tief in einer Meditation versinkt. Ansonsten ist der Atem die wichtigste Nahrungsquelle für das Leben. Es ist das Erste und das Letzte, was im Leben mit uns geschieht. So ist jedes Einatmen ein Neuanfang und jedes Ausatmen ein Abschied. Versorgen Sie Ihren Körper mit neuer Energie und lassen Sie Altes gehen, wann immer die Zeit dafür da ist. Eine kleine Information für den Kopf: mit jedem Atemzug werden ca. 17 Milliarden Sauerstoffatome eingeatmet. Alle sind dafür verantwortlich, dass der Körper gut funktionieren kann. Wenn man sich abends im Bett dann vorstellt, wie die kleinen „Sauerstoffe" durch den Körper sausen und es möglich machen, dass all die Zellen gute Energie erhalten und dem Blut für den Rückweg auch noch den vorhandenen „Müll" mitgeben können, der dann wiederum ausgeatmet wird, ist das schon fast eine kleine Meditation. Je öfter man eine Übung in der Form macht, desto klarer wird das Körperbewusstsein und somit auch das Empfinden, was für den Körper gut ist. Es ist möglich, dass Ihr Körper Ihnen auch über den Traum Informationen zukommen lässt. So wurde ich nach einem schrecklichen Alptraum Vegetarierin. Man spürt immer häufiger, was stimmig ist und was der Körper im Augenblick braucht. Das kann dann auch mal ein großes Stück Schokolade sein. Das braucht er aber sicher nicht täglich! Fragen Sie Ihren Körper und staunen Sie, wenn die Antworten sich einstellen. Unser Körper ist wie ein Gefährt, durch das wir das Leben leben dürfen, Gefühle fühlen, Sinnlichkeit erfahren und Trennung und Vereinigung lernen können. Viele sind die meiste Zeit nicht „zuhause" und nehmen somit vieles nicht wirklich wahr. Wer seinen Körper ganz bewusst „bewohnt" öffnet viele neue Möglichkeiten. Unter anderem die Sensoren für telepathische Verbindungen zu seinen Organen, seinen Mitmenschen und allen andern Lebewesen zu aktivieren.

Raumenergie wahrnehmen

Stellen Sie das WLAN (*)an. Wie die drahtlose Netz-verbindung kann man auch seine eigenen Antennen auf Empfang stellen und ganz bewusst alle ankommenden Energien wahrnehmen. Man spürt ganz deutlich, wenn plötzlich „dicke Luft" herrscht. Man kann lernen hinzuspüren, wo die Ursache dafür ist. Als Übung kann man ganz bewusst in jedem Raum nachfühlen, welche Energie vorherrscht. In einem Einkaufsladen kann man die Energie der Verkäufer fühlen oder im Zug, die der Menschen um einen herum. Welche Person fällt be-sonders auf und warum genau diese? Was geschieht mit einem selber, wenn man diese Energien spürt. Ändert sich das Gefühl, wenn man den Raum verlässt. Spannend dabei ist, je bewusster man sich in einem Raum aufhält, desto mehr Menschen werden auf einen aufmerksam.

(*) Quelle: Wikipedia: Wireless Local Area Network (deutsch: wörtlich „drahtloses lokales Netzwerk" – Wireless LAN, W-LAN, WLAN)

Auch die anderen spüren die Energie des „WLAN".
Durch das <u>bewusste</u> anstellen der Sensoren, passiert
etwas.

Es wird nicht nur Kontakt zur Umgebung und den
anwesenden Personen hergestellt, sondern auch eine
Verbindung zum Leben (dem Universum, der All-
Energie oder auch Gott). Somit kann auch das Leben
durch einen wirken. Dadurch werden Informationen frei,
die in unserer eigenen kleinen Welt niemals wahrgenommen werden können. Voraussetzung dafür ist
Neutralität. Solange man das unbedingt „will", wird es
sich nicht wirklich einstellen. Sobald man einfach nur
sein Herz öffnet, darf Information fließen. Wieder ist
dabei das Wissen wichtig, dass jeder „seins" hat und das
in dem Augenblick für ihn richtig ist. Wenn man also
spürt, dass es jemandem nicht gut geht, kann man ihm
vielleicht ein herzliches Lächeln schicken und das Bewusstsein, dass dieser Mensch so sein darf, wie er eben
gerade ist.

Sollte dieser Mensch allerdings nachfragen, warum sie so
strahlen und wie man das macht, dann kann die
Information weiterfließen und meistens ist diese Energie
sehr ansteckend. So kann man durch sein inneres
Strahlen auch Einfluss auf die Raumenergie nehmen.

Sender und Empfänger

*M*an wird immer wieder feststellen, dass es dem einen besser gelingt zu senden und der nächste ein besserer Empfänger ist. Das liegt auch an der Anlage, ob man eher Befehlsgeber oder Befehlsempfänger ist. Das ist völlig wertfrei, denn es liegt einfach an der Veranlagung eines jeden einzelnen. Dazu kommen Erfahrungen aus der Kindheit, der genetische Einfluss und die persönliche Lebensentwicklung. Der bessere Sender besitzt meist schon mehr Selbstbewusstsein und traut sich etwas zu. Der sensiblere Empfänger hat von Anfang an mehr Feingefühl, allerdings häufig auch viel Unsicherheit.

Somit kann der Sender durch erfolgreiches Gedanken-senden automatisch sein Feingefühl verbessern und immer häufiger auch bewusst Gedanken und Gefühle wahrnehmen. Der Empfänger kann durch die gute Wahrnehmung sein Selbstbewusstsein stärken. Lernen, dass sein Feingefühl gut ist und in absolute Stärke umgewandelt werden kann.

Man kann jedoch deutlich erkennen, dass hinter diesen „Blockaden" immer alte Muster stecken, die erst einmal Weiterentwicklung verhindern. Man kann diese Hinder-nisse durch regelmäßiges Üben verkleinern, allerdings werden sie erst ganz verschwinden, wenn man bereit ist, ganz hinter die Kulissen der Ursachen zu blicken. Dafür bieten sich wieder alle vorhandenen Möglichkeiten der Rückerinnerung und Rückführung an, sowie die Arbeit der Systemischen Familienaufstellung und der Körperarbeit. Wichtig ist dabei, dass die Gefühle nochmals von der Person selber gefühlt und erlebt werden, um dann durch ehrliche Annahme ihren Platz in der Erinnerung zu erhalten. Alle Störungen, die sich bei der Telepathie zeigen, sind verdrängte Gefühle, die sich in gut verschlossenen Schubladen befinden. Es gibt einen schönen Ausspruch in verschiedenen Märchen: wenn man den Teufel beim Namen nennt, hat er keine Wirkung mehr.

Der erste Eindruck ist meist, dass der selbstbewusste Sender im Hintergrund weniger brodelnde Konflikte hat, als der zurückhaltende Empfänger.

Doch der Zurückhaltende weiß um seine Schwäche, während der nach außen groß wirkende Selbstbewusste meist auf seinen alten Themen steht und sie so nach unten drückt, damit sie ja nicht hoch kommen.

Empfangen hat immer auch etwas mit berührt werden zu tun. Das muss man zulassen können. Hat im Leben viel Verletzung stattgefunden, fehlt meistens das Vertrauen, einen anderen Menschen wieder ganz an sich heran-zulassen. Somit müssen die alten Muster geklärt und gleichzeitig das Vertrauen wieder aufgebaut werden.

Grundsätzlich hat jeder genau die Probleme, die für ihn richtig sind. Viele glauben, dass der eigene „Mist" ganz besonders „stinkt" und somit schwer loszuwerden oder auch anzunehmen ist. Gerne sucht man sich dann ein Schicksal, das ganz besonders hart ist, um das eigene wieder etwas erträglicher zu machen und leidet dann weiter. Doch kann man selber gar nicht beurteilen, wie leicht oder schwer der Mist des anderen ist. Es kann einem auch völlig „wurscht" sein, denn tatsächlich kann man immer nur den eigenen Mist in herrlich fruchtbaren Humus umwandeln. Im fernöstlichen Glauben nennt man den Mist auch Karma. Das was man aus der gesamten

Vergangenheit angesammelt hat und das nun fröhlich vor sich hin gärt. Dazu zählen schreckliche Erlebnisse aus vergangenen Leben mit Mord und Totschlag, Vergewaltigung, Folter und lodernden Scheiterhaufen. Wobei man sich als Täter wahrscheinlich wesentlich mehr „Schuld" auflädt, die in späteren Inkarnationen gesühnt werden dürfen. Als Gegenzug dazu gibt es das Dharma, den entsprechenden Charakter, die Lebensumstände und Chancen, die es ermöglichen, den Mist zu Humus zu verarbeiten. Somit kann ein Leben als behinderter Mensch zur wahren Vollkommenheit führen oder der qualvolle Tod an Krebs, die vollkommene Erlösung bedeuten.

Wer mag das beurteilen? Mein Gedanke dazu ist, dass „der liebe Gott" jedem Menschen genau so viel auflädt, wie er (er-) tragen kann. Dazu erhält er Schaufel, Mistgabel, Sonne und Regen, um sinnvoll im Mist graben zu können. Und wer dann versteht, dass dies Freude bringen kann, ist der Erleuchtung im Leben nicht mehr fern.

Dazu möchte ich gerne eine Geschichte erzählen, die mich sehr erfreut hat:

Der Pastor besucht das Nachbardorf und will eine Abkürzung durch das Moor nehmen. Kaum ist er einen Schritt von der Straße weg, sinkt er ein. Er betet zu Gott um Hilfe. In diesem Moment kommt die Feuerwehr vorbei, hält an und fragt Hochwürden, ob sie ihm behilflich sein könne. Der Pastor lehnt ab, er verlasse sich auf Gott, und der werde ihm helfen. Nach einer Viertelstunde kommt die Feuerwehr wieder vorbei, der Pastor, inzwischen bis zur Hüfte eingesunken, betet noch immer. "Dürfen wir Ihnen helfen, Herr Pastor"? "Ich

vertraue auf Gott und er wird mir helfen", antwortet dieser. Nach geraumer Zeit, der Pastor steckt nun bis zum Hals im Sumpf, fährt die Feuerwehr wieder vor und fragt: "Herr Pastor, jetzt ist es aber Zeit, wir wollen Ihnen helfen". "Nicht nötig, ich vertraue auf Gott", entgegnet dieser. Es kommt, wie es kommen musste, der Pastor erwacht im Himmel. Enttäuscht macht er Gott den Vorwurf, dass er immer auf ihn vertraut habe, aber in der größten Not im Stich gelassen wurde. Gott entgegnet: "Aber mein Sohn, ich habe dir doch dreimal die Feuerwehr geschickt!"(*)
Dem möchte ich nun nichts mehr hinzufügen.

(* Quelle: www.momanda.de- Witze)

Wenn Telepathie nicht funktioniert

*E*iner der Hauptgründe, warum Telepathie bis heute nicht als bewiesen gilt ist, dass die ankommende Information, nicht als „Sendepaket" eines anderen erkannt, sondern als eigener Gedanke wahrgenommen wird. Viel Feingefühl und oft langjährige Erfahrung machen es möglich, einen ankommenden Gedanken als gesendet zu vermuten.

Bisher kommt die Bestätigung allerdings immer erst durch nachfragen oder bestätigende Berichte, dass derjenige an einen gedacht hat.

Der britische Biologe und Autor Rupert Shaldrake beschäftigt sich seit Jahren mit der Theorie des Morphologischen Feldes. Das bezeichnet das Feld, in dem auch die Gedanken weitergeleitet werden. Seine Gegner betiteln ihn bis heute als pseudowissenschaftlich. Wobei einige Quantenphysiker hinter den Gedanken Shaldrakes´ stehen und wir sicher in den nächsten Jahren einige Veränderungen in den wissenschaftlichen Erkenntnissen und Beweisen erleben dürfen.

Trotz alledem erlebt man in der Telepathie sehr häufig, dass es eben nicht klappt. In den Kursen sind die Teilnehmer völlig platt, dass es gelingt und für jeden Gläubigen und Ungläubigen spürbar ist. Daheim an-gekommen entstehen bald die ersten Situationen, die frustrieren und immer wieder dem alten Ego Vorrang lassen, dass es eben doch Humbug ist.

Dabei möchte ich nochmals auf das Handy hinweisen, das die Energieströme stark stört.

Wer das in den 90iger Jahren bekannte Buch, der Traumfänger von Marlo Morgan (4) gelesen hat weiß, dass bei den Aborigines die Kommunikation über Gedanken völlig selbstverständlich ist. Diese Selbstverständlichkeit ist uns westlichen Menschen völlig verloren gegangen. Kopf geht vor Bauch und wer in die Bücher der Psychologie reinschnuppert, findet für viele meiner Gedanken in diesem Buch das passende Krankheitsbild.

Teilnehmer meiner Kurse wissen, es funktioniert. Wie schon oft erwähnt, sind es vor allem unsere Gedankenmuster und inneren Selbstgespräche die verhindern, dass wir uns für die feinstofflichen Energien öffnen. Wissenschaftler der Vergangenheit erklärten uns, dass wir nur maximal 10% unseres Gehirns tatsächlich nutzen. Diese Aussage wurde über Jahre hinweg als Aufforderung für die verschiedensten Kurse in allen Preisklassen genutzt, um unserem schlechten Gewissen über die eigene Dummheit gerecht zu werden. Der Erfolg von Wissenssendungen spricht Bände dafür. Mittlerweile weiß man, dass doch jede Gehirnzelle zu Wort kommen darf und im Durchschnitt nur jede zehnte Zelle im Gehirn gleichzeitig genutzt wird. Mehr würde recht bald zu einem epileptischen Anfall führen und ist somit auch unerwünscht. Wie anfangs schon erwähnt, ist die Chance auf Weisheit nicht durch Quantität sondern durch Qualität zu erreichen. So wie Reichtum meist nicht glücklich macht, steht auch Wissen nicht als Garant für volle Lebensqualität. Der Psychologe Manfred Spitzer hat festgestellt, dass wahres Glück nur durch den Prozess des Lernens hervorgerufen wird. (5)

Doch meistens geschieht dieses Lernen wieder nur über die bekannten Wege und Bahnen im Gehirn und stopfen somit den Speicher voll, ohne eine tatsächliche Veränderung zu erreichen. Oder schreien Sie Ihre Kinder nun nicht mehr an, weil sie gelernt haben, dass es völlig unwirksam ist?

Telepathie fordert die Bereitschaft, neue Hirnwindungen in Gang zu setzen, neue Synapsen zu bilden und dadurch Veränderung zu schaffen. Forscher wissen, dass für eine tatsächliche Veränderung von Verhaltensmustern eine Art Erweichung des Gehirns stattfinden muss. Dadurch ist es möglich, alte Verknüpfungen zu lösen und neue Bahnen zu bilden.

Die Nervenbahnen sind tatsächlich miteinander verknüpft und können sich auch wieder lösen. Ein gutes Beispiel ist der Film „What the (b)leep do we know", in dem diese Funktionen sehr gut erklärt werden.

Meist sind es einschlägige Erlebnisse, die einen Lebenswandel hervorrufen. Die Trennung vom Partner, der Verlust eines Kindes, der lange trainierte Herzinfarkt, selten sind es positive Erlebnisse. Die Erfahrung zeigt, dass Teilnehmer nach Selbsterfahrungskursen völlig euphorisch nachhause kommen, um dann in ein tiefes Loch zu fallen, weil keiner diese drogenähnliche Fröhlichkeit verstehen kann.

Nur viele Kurse, tiefes Vertrauen, gleichglaubende Mitmenschen und allerlei Stolperfallen lassen diese Fröhlichkeit zur Gewohnheit werden. Auch bei den Selbsthilfekursen, egal welcher Art, findet eine Art der Gehirnerweichung statt. Doch meist so gering, dass man die Veränderung erst nach längerer Zeit und natürlich auch durch die Anwendung des erlernten Wissens und vor allem die Erinnerung an das wunderbare Gefühl, das man während dieser Tage hatte.

Im letzten Jahr bekam ich von einem Patienten in der Physiotherapie das Kompliment meines Lebens. Er meinte, ich würde ihn an Obelix erinnern, der als Kind in den Zaubertrank gefallen war. Ich hätte wohl als Kind zu viele Drogen genommen und hätte nun einen Überschuss an Endorphinen (*), da ich immer so gut drauf sei.

Meditation ist auch eine Möglichkeit, Veränderung im Gehirn zu erreichen. Aber es gibt noch viele andere Ideen, die ich gerne im Kapitel der inneren Achtsamkeit aufführen möchte.

Einer der größten Hinderungsgründe, dass Telepathie also nicht funktioniert, ist unser altbekanntes Glaubensmuster. Das eigene und vor allem das des Umfeldes.

In dem Film Santa Clause´e Teil 1 heißt es: sehen heißt nicht glauben, glauben heißt sehen.

Die meisten glauben, dass das, was sie sehen richtig ist. Bloß weil die Wurst in den Regalen einen vielversprechenden Anblick verschafft, heißt es noch lange nicht, dass die Schweine glücklich gestorben sind. Das Bild verschafft unserem Gehirn aber diesen Eindruck.

Geht man durch einen modernen Pferdestall, stehen dort viele edle Rösser, oft geschoren und in Decken gepackt in Boxen, die mittlerweile sogar einen kleinen Laufstall haben. Der Boden ist blank gefegt, die Boxen rein. So muss das sein. Das empfindet man auch als nicht Pferdekenner als gut. Doch Pferde sind Herdentiere. Sie lieben es die Köpfe zusammenzustecken, sich gegenseitig zu kraulen und sich dadurch auch aufeinander zu ver-

(*)Endorphiene: sog. Glückshormone

lassen. Sie pflegen ihr Fell, indem sie sich im Schlamm wälzen und genießen einen freien Galopp über die Wiesen, wann immer es der Boden zulässt. 16 Stunden am Tag verbringt das Pferd in freier Natur mit grasen und legt dabei bis zu 30 km zurück. Aber unsere Boxenhaltung ist völlig pferdegerecht?!?

Da fallen mir außerdem Hasen in engen Ställen, Wellensittiche im Vogelkäfig und Fische in winzigen Aquarien ein, alles sehr beliebte Haustiere.

Wir sehen gewohnte Bilder und glauben, dies sei die Wahrheit.

Erst wenn wir beginnen mit dem Herzen zu sehen, ist wahre Telepathie möglich. Dabei kann man feststellen, dass die Boxenhaltung vielleicht nicht das Gelbe vom Ei ist. Man kann nun anfangen als Gegner aufzutreten und zu demonstrieren. Man kann aber auch versuchen für sich – und in diesem Falle sein Pferd – in dieser Situation das Beste zu machen.

Für sich das Beste! Nicht für andere. Man kann auch nicht für andere Telepathie machen.

Fallen der nichtgelingenden Telepathie sind die eigenen Glaubensmuster zu erkennen, zu sehen und anzuerkennen.

➢ Bin ich bereit, mit anderen Menschen (Lebewesen) in Verbindung zu treten?

➢ Bin ich bereit, mich von anderen Menschen berühren zu lassen?

Es gibt viele Ursachen, die Telepathie verhindern und nichts mit tiefen Blockaden zu tun haben.

Man kann das mit einem Telefonanruf vergleichen. Wenn Sie nun jemanden Gedanken senden, kann es sein, dass er selber im Gespräch ist und somit das Besetztzeichen ertönt. Möglich ist auch, dass er zwar das Klingeln hört, aber nicht abheben möchte. Viele sind allerdings außer Haus. Wie oft sitzen sie im Auto und sind mit den Gedanken schon in der Küche beim Kochen, beim nächsten Meeting oder wo auch immer. Dann sind sie nicht da. Diese Gedanken an Dinge, die erledigt werden müssen, an Zeiten, die vergangen sind oder Befürchtungen, die eintreffen könnten, verhindern ganz klar die Wahrnehmung des Augenblicks.

Telepathie ist immer nur im Hier und Jetzt möglich!

Sie können jetzt darüber nachdenken, jemanden in 5 Minuten anzurufen, aber nicht jetzt anrufen und ver-ursachen, dass es erst in 5 Minuten dort klingelt. Allerdings kann man darüber nachdenken, dass man gleich noch diese Person anrufen möchte. Und häufig geschieht es, dass das Telefon klingelt und sie uns zuvor-gekommen ist. Oder man ruft an und hört, dass der Angerufene gerade an uns gedacht hat.

Umgekehrt wird es durch den Umgang mit Telepathie immer häufiger geschehen, dass man merkt, jemand denkt an einen. Man bekommt ein Gefühl für Situationen und deren möglichen Verlauf. Einfach ausgedrückt, man wird hellhöriger, hellsichtiger, hellfühliger.

Hellsehen
Hellhören
Hellfühlen

---

*F*ür viele Menschen ist Hellsehen immer noch ein unheimliches Phänomen. Doch setzt sich diese „Gabe" aus vielen Dingen zusammen. Der Autor Thorsten Havener hat in seinem Buch: Ich weiß, was Du denkst. Das Geheimnis Gedanken zu lesen (1), genau dies beschrieben.

Ich möchte auch erwähnen, dass in unseren Köpfen auch immer noch die Gedanken rumschwirren, dass hunderte der sogenannten weißen Frauen auf dem Scheiterhaufen gelandet sind. Männer frotzeln immer noch, man sei wohl eine Hexe. Viele Frauen sind auch stolz darauf und betiteln sich ebenso. Doch verliert die Telepathie und natürlich auch die Arbeit einer hellsichtigen Frau durch diesen Titel die Glaubwürdigkeit.

Wer meine Arbeit kennt, weiß auch um meine Dringlichkeit, diese wundervollen Möglichkeiten mit Würde und Demut zu betrachten.

Wer sich auf den Pfad der Telepathie begibt, spürt sehr schnell, wie schmal er ist und ein gutes Gleichgewichtsvermögen trainiert werden muss, um nicht abzurutschen.

Wer sich mit Telepathie auseinandersetzt wird früher oder später mit den oben genannten „Gaben" beschenkt werden. Welche als erstes hervor kommt, hängt von den eigenen Wahrnehmungskanälen ab. Jeder Mensch hat einen Kanal den er bevorzugt nutzt. So kann es vorkommen, dass ein visueller Typ mit seinen Aussagen bei Akustiker auf taube Ohren stößt und der Kinästhet keinen Draht zu den Beiden findet.

Visueller Typ

Der Hauptwahrnehmungskanal ist das Auge.

Die Gedanken werden vor allem in Bildern verarbeitet. Vorstellungen sind gut möglich. Man kann gut Bilder vor dem inneren Auge entstehen lassen. Diese Menschen nutzen gerne Aussagen wie:

> ➤ „schauen wir mal"
> ➤ „siehste"
> ➤ „ich habe den vollen Durchblick"
> ➤ „wir sehen uns"
> ➤ „guck mal"
> ➤ …

Wer das erkennt, kann mit diesem Typen viel leichter ein Gespräch führen, wenn man diesen Kanal nutzt.
Für einen Visionär ist es sinnvoll, in der Telepathie vorerst vor allem mit Bildern zu trainieren.
Auf diese Art lernt man sich auf Bilder einzustimmen. Man lernt somit auch die Stimmigkeit für etwas zu erkennen. Sehen sie das Bild vor sich, wie sie mit

Bierflasche und Zigarette an der Theke stehen. Was macht dieses Bild mit ihnen.

So lässt sich auch schnell die Stimmigkeit von Wünschen überprüfen. Jede Frau möchte gerne rank und schlank sein. Nun stellen sie sich Angela Merkel als vollbusige Lady mit hohen Absätzen und schlanken Waden unter dem knielangen Rock vor. In meinen Augen würde sie sofort ihre Glaubwürdigkeit verlieren. Ich sehe in ihr eine Frau, die ein „dickes Fell" hat und somit geduldig das durchsetzt, was sie für richtig empfindet. Völlig egal, wie man persönlich über Frau Merkel denkt, ist ihre Figur für sie goldrichtig.

Ein großer Traum von vielen ist Berühmtheit, Reichtum und Erfolg.

Doch möchten sie auf der Titelseite der Zeitschriften in den Arztpraxen sein?

Auch ich weiß, dass vegane Ernährung (Peacefood, Rüdiger Dahlke (6) für mich und meinen Körper das Beste wäre. Aber noch verschwindet der Käse in meinem inneren Kühlschrank (…noch…) nicht. Allerdings haben unglaubliche Bilder mich von einer Nacht zur andere zum Vegetarier werden lassen. Als ich träumte, dass wir in einer großen Küche menschliche Oberkörper in großen Öfen backten und ich mit der Gabel das Fleisch von einer Wirbelsäule pulte. Ekelig was? Es war ja nur ein Traum. Doch diese Bilder haben viel in mir verändert.

Stimmigkeit bei visuellen Typen kann man gut über die Frage:

Kannst du dir vorstellen, dass…? Herausfinden.

So kann man auch Gedanken, die einem Sorgen machen, lernen zu überprüfen. Als meine Tochter mit 10 Jahren in die Einrichtung für autistische Kinder kam, hatte ich

Angst, sie verloren zu haben. Allerdings sah ich ein inneres Bild vor mir, wie sie ein ganzes Stück größer als ich fröhlich bei uns zu Besuch war. Genau dies, ist 5 Jahre später geschehen, viel früher als ich es eigentlich erwartet hätte.

So kommen zu den Bildern, die man sich vorstellt, ob es so sein könnte immer öfters Bilder, die man nicht selber hervorruft, weil man wissen möchte, ob etwas stimmig sein könnte. Es werden sich immer öfters auch Bilder einstellen, die anscheinend ohne Grund kommen und sich im Laufe der Zeit bewahrheiten.

Als ich 2005 in der Physiotherapie Praxis im Allgäu aufhörte, wollte ich nicht nochmal in der Physiotherapie arbeiten, sondern mich voll und ganz auf die Selbstständigkeit der Körper- und Gesprächstherapie konzentrieren, wenn mein jüngster Sohn in den Kindergarten kommt. Hier im Rheinland habe ich mich trotzdem nach guten Osteopathen erkundigt, um bei Bedarf Empfehlungen aussprechen zu können. Kurz darauf hatte eine Dame im Stall Beschwerden, die in die fachkundigen Hände des Osteopathen gehören. Also schickte ich sie in die Praxis Bank in Kommern. Im gleichen Augenblick sah ich das Bild vor mir, wie ich dort arbeite. Das fand mein Gehirn völlig blödsinnig, denn ich wollte ja nicht mehr in die Physiotherapie. Aber wer fragt schon das Gehirn, was längst geschrieben steht. Drei Jahre später begann ich erneut in der Physiotherapie tätig zu werden und bin sehr dankbar dafür, dass das Leben es eben doch besser wusste.

Es werden sich auch Bilder von Gesprächspartnern einstellen. Dabei liegt es immer in der eigenen Verantwortung, sich bewusst zu machen, ob man diese Bilder mitteilen möchte oder nicht. Wenn jemand ständig erzählt, dass er sich trennen möchte, man aber keine Trennung sieht, kann dies ein passender Hinweis sein, sinnlose Grübeleien zu beenden. Wenn man jedoch in einem andere Fall erkennt, dass eine Person leiden muss, weil Leiden eben auf dem Plan steht, sollte man sich gelassen zurückziehen und auch da das Leben seinen Gang nehmen lassen. Jeder hat ein Recht zu leiden.

Akustischer Typ

„Hellhörig werden", hat bei uns eigentlich eine ganz andere Bedeutung. Meist meint es, dass man auf etwas aufmerksam geworden ist. Wer sich mit der Verfeinerung seiner Sinneskanäle auseinandersetzt wird aber im Laufe der Zeit feststellen, Gedanken im Kopf zu haben, die so gar nicht zum eigentlichen Inhalt der Quasselstrippe im Kopf passen. Bei Menschen, die vor allem auf ihre innere Stimme hören ist es möglich, dass sich tatsächlich Stimmen einstellen. Berühmte Menschen, wie Jeanne Dárc, Hildegard von Bingen oder Moses im Alten Testament hörten Stimmen und wurden zum Teil heilig-gesprochen. Heutzutage nennt man das Akoasmen und zählt es zu den akustischen Halluzinationen.

Wer also Stimmen hört oder sich durch die Telepathie der Hellhörigkeit öffnet, ist am meisten von inneren Zweifeln betroffen. „Wer Stimmen hört, muss eine am Dach haben". Somit wird dieser Weg schnell unterdrückt und vor allem nicht darüber gesprochen.

Trotzdem gibt es genügend Menschen, deren Hauptkanal die Ohren sind.

- ➢ „hör mal"

- ➢ „ich kann das nicht mehr hören"

- ➢ „das ist Musik in meinen Ohren"

- ➢ „das klingt gut"

- ➢ „hörst Du mir überhaupt zu"? …

… wenn man dabei einen visuellen Typen erwischt, ist das natürlich auch nicht so einfach. Dieser sollte einen im Gespräch nämlich immer wieder ansehen, während der akustische Typ einem öfters ein Ohr schenken sollte.

Genau wie beim visuellen Typ, sollte man die Gedanken im Kopf immer wieder auf ihre Stimmigkeit überprüfen. Sagt die Stimme einem jeden Abend vor dem Fernseher, man solle doch in der Süßigkeitenschublade nachsehen, ob nicht noch etwas Feines zu finden wäre, steht das im krassen Gegensatz zu einem Stückchen Süß, dass ab und an in vollem Genuss verzehrt wird.
Jeder Mensch hat in seinem Kopf die eigene persönliche Stimme, die meist ohne Punkt und Komma den lieben langen Tag Kommentare abgibt.
„ich muss noch dies…", „wenn ich mich nicht beeile geschieht das…", „hoffentlich…", „oh Gott, wie sieht denn die schon wieder aus"!, „ich habe überhaupt keine Lust zum Staubsaugen, aber wenn ich es jetzt nicht mache, wann soll ich es dann tun" ?
Das Ziel einer jeden Meditation ist genau diese Stimme endlich für einen kurzen Moment zum Schweigen zu bringen. Zu lernen, die Gedanken zu beobachten, sie durch das Beobachten abzuschalten. Diese Stimme, die

unsere Gedanken formuliert, sind erlernt Sätze. Der größte Teil übernommen von unseren Eltern. Erfahrungsschätze aus der Kindheit. So kann es sein, dass die interne Modeberatung immer noch von einer Siebenjährigen übernommen wird, die damals Mama und Papa besonders beeindrucken wollte. Der äußere Eindruck des Spiegelbildes ist dann irgendwie komisch, doch die innere Stimme bestätigt, alles ist in Ordnung. Häufig sind dies Menschen, die immer wieder ihre Moderichtung rechtfertigen müssen. „Mir gefällt das so! Ich möchte eben nicht aussehen wie alle anderen"! Minirock und Leggins in Größe 46 ist eben Geschmackssache. Manchmal kann Ehrlichkeit dann aber auch zum passenden Stil führen, der auch in den Augen anderer stimmig ankommt und vielleicht sogar das Geschenk eines Komplimentes mit sich bringt. Meine Tochter sieht in langem Pullover und Stulpenstiefeln hinreißend aus. Da ich bei der Verteilung von Muskelmasse zu laut hier gerufen habe, ist der sportlich elegante Stil besser für mich geeignet. Da kann mir meine Stimme noch so viel von schöner Kleidung erzählen. Der Spiegel lügt eben nicht.

Wie bei den inneren Bildern sollte man die Stimme immer wieder fragen, ob sie das tatsächlich ernst meint, was sie da so von sich gibt. Oder wie Byron Kathie ihre erste Frage formuliert: Ist das wahr? (7)

Hinterfragen ist der beste Weg, die passende Unterhaltung mit sich selber zu führen.

Kommt ein neuer Gedanken, kann man ihn weiterspinnen. Was passiert, wenn? Was passiert, wenn sie jeden Abend Schokolade essen? Was geschieht, wenn sie bewusst und vor allem voller Genuss essen.

In den seltensten Fällen ist das 10te Stück Schokolade noch genauso lecker, wie das erste. Was sagt die innere Stimme dazu. Da kommt der innere Schweinehund, den es zu überwinden gilt. Engelchen und Teufelchen, die auf den Schulten sitzen und ihre Kommentare abgeben. In den meisten Fällen hört man aber immer nur eine Stimme. Somit ist der erste Weg zu erkennen, dass es da auch noch die Stimme des eigenen Seins in einem gibt. Und gerade diejenigen, die den akustischen Kanal sehr ausgeprägt haben, können sich zu Nutze machen, gute Informationen zu erhalten.

Dazu ist dringend nötig, immer wieder Stille entstehen zu lassen. Aus dieser Stille heraus kommt neue, unbekannte Information mit einer völlig anderen Qualität.

Man „weiß" plötzlich, dass die Information richtig ist. Allerdings dauert es anfangs nur Millisekunden, bis der alte „Labermax" sich wieder einmischt und alles in Frage stellt. Ein herrliches Geschenk ist dabei, wenn man plötzlich einen Gedanken im Kopf hat und das Gegenüber kurz darauf genau diesen Satz ausspricht.

„Du sprichst mir aus dem Herzen", ist wohl die passendste Beschreibung für diese Art der Wahrnehmung und Kommunikation.

Wer lernt auf seine innere Stimme zu hören, ist auf dem Weg ins vollkommene Vertrauen einen großen Schritt weitergekommen. Diese Stimme kann wundervolle Ratschläge erteilen, sinnvolle Warnungen aussprechen, auf Geschehnisse vorbereiten und Geheimnisse verraten, die den meisten verschlossen bleiben.

Respekt und bewusstes Hinterfragen sind auch hier gefragt, um den schmalen Grad zu meistern. Das Geschenk ist ein Freund, der einem immer mit Rat und Tat zu Seite steht ohne Voreingenommen zu sein, da es sich um die wahre Energie unseres Selbst handelt, die durch uns zu Worte kommen darf.

Kinästhetischer Typ

Der Begriff des Hellsehens ist für die meisten bisher unbekannt. In esoterischen Kreisen ist eher bekannt, sich vor äußeren Energien schützen zu müssen. Somit ist zwar bewusst, dass eine „negative" Energie in jemanden eindringen kann, aber nicht, dass dies durch Hellfühlen vonstattengeht.

Für mich ist das ein sehr zwiespältiger Bereich. Auf der einen Seite möchte natürlich keiner von irgendwelchen Energien „belästigt" werden. Doch wenn man sich für die Welt öffnet und immer mehr merkt, dass alles Eins ist, sind auch diese Energien ein Teil vom Ganzen und können somit nur das „anrichten", was auch in meinen Lebensplan passt. Schütze ich mich vor Energien, schütze ich mich vor dem Leben und verhindere Vertrauen. Ich möchte es jedem selber überlassen, sein Gefühl zu stärken und wahrzunehmen, ob eine Schutzhülle nötig ist, um sich sicher zu fühlen. Völlig wertfrei! Lieber ohne Angst die ersten Schritte gehen, als durch Angst kein Vertrauen zu finden.

Denn wahres Hellfühlen verlangt Kraft und Mut alles zu fühlen, was gefühlt werden kann. Anfangs ist es sehr schwer zu erkennen, welche Gefühle aus unbewussten Mustern und Gedankenspeichern kommen und welche von einem andern Menschen übernommen sind. Man kann es sich natürlich auch schnell leicht machen und behaupten, die gefühlte Wut habe nichts mit einem selber zu tun. Die Fallen sind groß und viele Ent-täuschungen immer schmerzhaft.

Schmerzhaft kann es auch sein, wenn man tatsächlich die Gefühle eines Mitmenschen fühlen darf. Vor allem, weil man sie einfach nur neutral fühlen soll ohne eine Veränderung hervorrufen zu wollen.

Einen ersten Eindruck des Hellfühlens erhält man bei der Systemischen Aufstellungsarbeit. Eine Person stellt über fremde Stellvertreter sein Problem oder Thema auf und erhält so einen Überblick von außen, was vor allem emotional bei den Betroffenen stattfindet. Da fühlt eine junge Frau plötzlich die Rückenschmerzen der Großmutter, in deren Rolle sie gerade steht. Oder zwei völlig Fremde fühlen die totale Verliebtheit und strahlen sich an. In vielen Aufstellungen dürfen nie geweinte Tränen endlich in den Fluss kommen, geweint von Menschen, die kurze Zeit vorher fröhlich zur Aufstellung gefahren sind. Im Anschluss steigen die Stellvertreter wieder aus der Rolle und sind fröhlich wie zuvor, aber um unbeschreibliche Erfahrungen reicher. Durch diese Arbeit habe ich eine völlig neue Einstellung zu meinen eingefahrenen Denkmustern erhalten. Der Verlust eines geliebten Menschen, fehlende Liebe von Vater oder Mutter, die selber kaum Liebe erhalten haben, Rollen von Tätern des Missbrauchs, Kriegsgeschehen oder psychisch Kranken sind eine Offenbarung im eigenen kleinen Weltbild der Überzeugung Recht zu haben. Gefühle wie nicht genug geliebt zu werden, Rache, Schuldzuweisung, fehlender oder übertriebener Selbstwert oder auch Eifersucht zeigen eine Blockade im System, lernt man diese zu erkennen, ist man auf dem Weg der Lösung und somit auch immer auf dem Weg in die bedingungslose Liebe.

In diesem Augenblick wird hellfühlen ein Geschenk, denn bedingungslose Liebe bedeutet immer etwas so anzunehmen, wie es ist. Es bedeutet in einer schmerzhaften Situation den Sinn zu erkennen, dass Schmerz immer auf eine Fehlfunktion hinweist und somit der zwingende Auslöser zu Veränderung ist.

Spürt man den Schmerz des Anderen, kann man sich immer wieder an die eigene Unbewusstheit erinnern und den eigenen Weg, den man gegangen ist, um diesen Schmerz aufzulösen. Alleine die Energie, die bei der Erinnerung an die Lösung entsteht ist schon ein Segen für den, der nun den Schmerz trägt.

Wie immer, heilen kann man immer nur sich selbst.

Als Kind sah ich einen Film, in dem Jerry Lewis einen Pfleger spielte, der in einem Pflegeheim arbeitete. Immer wenn er die Patienten durch den Park fuhr und diese andern Patienten von ihren Leiden erzählten, hatte der Pfleger genau die Symptome. Warum auch immer hatte mich dieser Film so beeindruckt, dass ich mich noch immer an ihn erinnern kann. Mittlerweile geht es mir oft ähnlich. In Behandlungen, bei denen innere Vergiftung (schlechte Ernährung, Alkohol, Medikamente, mangelnde Flüssigkeitszufuhr, etc.) im Körper vorhanden ist, bekomme ich Kopfschmerzen. Bei andern fühle ich selber die Symptome, die der Patient hat.

Das bestätigende Zeichen ist für mich immer, dass die Beschwerden sofort nachlassen, wenn die Behandlung beendet ist. Bei neuen Patienten kann es vorkommen, dass die Symptomatik schon am Abend vorher auftritt. So hatte ich einmal plötzlich immer wieder Atemnot, die ich mir nicht erklären konnte.

Der Patient am nächsten Tag hatte eine schlecht funktionierende Lunge durch einen schweren Autounfall und meine funktionierte wieder wunderbar.

Damit möchte ich zum Ausdruck bringen, dass diese Gaben wundervoll sind, um Verständnis für unser Gegenüber zu erhalten. Doch sie sind auch Aufgabe und manchmal nicht ganz so leicht zu tragen.

Man könnte diese Fähigkeiten auch als „Neben- wirkungen" der Telepathie bezeichnen oder die zweite Seite der Medaille.

Doch sollte man seinen bevorzugten Kanal immer nutzen, um Situationen und Gedanken auf ihre Stimmig- keit zu überprüfen.

Ich hatte schon als Jugendliche das schöne Empfinden, wenn ich auf eine Prüfung gelernt habe, dass ich plötzlich vor mir sah, wie ich das Zeugnis überreicht bekam.

Ein akustischer Typ kann versuchen, die Gratulation zu hören. Gelingt dies, ist die bestandene Prüfung klare Sache. Was nicht bedeutet, dass man sofort das Lernen einstellen soll. Doch meist gelingt die Büffelei viel besser.

Der kinästhetische Typ kann das Papier in den Fingern fühlen und spüren, ob er es tatsächlich schon wahr- nehmen kann.

So lassen sich auch Schwierigkeiten überprüfen. Wenn man Angst hat, der Partner verlässt einen, blickt, hört, fühlt man auf das kommende Weihnachten. Meist weiß man dann, er/sie ist noch da. Man möchte ein Haus kaufen und steht vor dem Objekt der Träume... man

kann sich darin sehen, hören, fühlen und weiß genau, „das ist meins".
Die Beispiele sind unendlich und es lohnt sich, dies zu üben.

(8) Weitere Informationen über die Wahrnehmungskanäle finden Sie in Büchern über NLP, wie z.B. von Anthony Robbins

Übungen für Wahrnehmungskanäle

Beobachten

Als erstes sollte man beginnen, sich selbst zu beobachten und sich zu lauschen. Was sagt man besonders häufig? Wie sind die klassischen Affekte? Das heißt wie reagiert man in einer bestimmten Situation. Wie verhält man sich, um jemandem etwas verständlich zu machen? Es lohnt sich auch, andere zu beobachten und dabei sich selber beim Beobachten zu beobachten. Was fällt einem als erstes auf? Auf was achtet man ganz besonders? Wenn zu mir jemand kommt und fragt, ob ich die tollen Schuhe gesehen habe, kann ich meist keine Antwort geben, da ich immer als erstes in die Augen sehe und dann mit dem Herzen fühle. Schuhe kommen viel weiter hinten…

Dokumentation

Eine hervorragende Möglichkeit ist eine Art Tagebuch zu führen. Es geschehen so viele „Zufälle", die es sich lohnt aufzuschreiben, um später wieder nachzulesen, dass man es tatsächlich erlebt hat. Es kommt immer wieder der Moment an dem man völlig in Selbstzweifeln versinkt und auch selber glaubt, alles sei esoterischer Humbug. Auch mir geht es immer wieder so. Und genau dann hole ich mir meine „unglaublichen Geschichten" hervor, die mir zeigen, dass es doch die Wahrheit ist.

Meine Lieblingsgeschichte ist die Geburt meines Pferdes. Ganz am Anfang, als meine Stute trächtig wurde, sah ich das Bild vor mir, wie ich morgens im Bett lag und das Telefon klingelte. Der Stallbesitzer sagte zu mir: „Das Fohlen ist da"! Die letzten Wochen vor der Geburt machte ich alles fertig, um gegebenenfalls im Stall auf einer Liege zu übernachten. Der Termin rückte immer näher und ich stand jeden Abend vor Muras Box und spürte hin, ob ich bleiben soll. Ich bekam jedes Mal die Information, dass ich fahren kann. Und wie soll es sein? Karfreitag, morgens früh um sieben, als ich im Bett lag, klingelte das Handy und der Stallbesitzer sagte genau in dem Tonfall, den ich schon in der Vision innerlich hörte: „Das Fohlen ist da"! Mura hatte es ganz alleine gemacht und alles war in Ordnung.

Solche Geschichten, je mehr desto besser, unterstützen die innere Gewissheit, dass alle Tassen noch am rechten Platz im Schrank stehen.

Ein Lebensrückblick kann auch auf viele Situationen ein neues Licht werfen. Erstens um sich an all die Situationen zu erinnern, die einem schon gezeigt haben, dass man ein bisschen anders ist. Zweitens aber auch, um festzustellen, dass viele Erlebnisse im Leben nötig waren, um an einen bestimmten Punkt zu gelangen.
Mein Lieblingssatz ist: „Stell Dir vor, dass hätte Dir jemand vor ... Jahren gesagt"!
Mit Anfang zwanzig wollte ich mich nie selbstständig machen, mittlerweile habe ich sowohl im Allgäu, als

auch im Rheinland erfolgreich eine Therapiepraxis aufgebaut. Wenn mir als Jugendliche jemand gesagt hätte,
dass Lernen meine große Leidenschaft wird, hätte ich es
niemals geglaubt!
Suchen Sie sich solche Sätze für sich und Sie werden
Erstaunliches erleben!

Der Aufzug

In den Gebäuden, in denen es mehrere Aufzüge gibt kann
man gut die Wahrnehmung trainieren, welcher Aufzug
zuerst kommt. Dabei kann man gut auf seinen Kanal
achten. Gelingt das Sehen besser? Kann man die Türen
hören oder spürt man, wo man gleich hinein gehen wird?

Situationen prüfen

In der Welt des Denkens und Planens sind wir es ge-
wohnt, den Tag voll zu stopfen und versuchen dies auch
alles zu erreichen. So geschieht es, dass man viele Dinge
völlig ohne Freude macht. „Ach, ich muss auch noch…"!
Es gibt Dinge, die Priorität haben. Morgens den Kindern
die Schnittchen zu schmieren, zum Kindergarten zu
fahren, sich für die Arbeit vorzubereiten, lässt sich
schlecht verschieben. Doch gibt es oft viele Dinge auf
dem Plan, die nicht unbedingt nötig sind. Lernen Sie
hinzufühlen, welche Aufgaben ihren Zeitpunkt haben,
erledigt zu werden. Als Beispiel wenn man sich vor-
genommen hat, an diesem Tag unbedingt noch zu

staubsaugen. Wie ist das innere Bild, sich mit dem Sauger zu sehen? Was sagt einem die Intuition? Oder spricht wieder das Ego: „Ja irgendwann musst Du ja saugen, die nächsten Tage steht so viel auf dem Plan, da wirst Du es auch nicht schaffen. Wenn Du heute nicht saugst, dann...." !!!

...geht wahrscheinlich die Welt unter...

Wenn schon die Handlung sich nicht gut anfühlt, sollte man immer wieder überprüfen, ob man das tatsächlich auch machen muss. Oft bringt das vorfühlen, vorsehen oder reinhören Möglichkeiten, den Plan so zu ändern, dass man auch mit Freude saugen kann – zum passenden Zeitpunkt.

So kann man natürlich auch große Pläne prüfen. Ob man die Stelle wechseln soll, den Partner, das Pferd, die Wohnung, eben alle großen Entscheidungen, die man meint treffen zu müssen.

Wenn man etwas verändern möchte, hätte man es am liebsten immer sofort anders. Ich nehme gerne den Satz, „Weihnachten ist alles gut"! Damit gibt man sich Zeit und auch ein Zeitfenster. Dann kann man auch in Ruhe hin spüren, ob der Wunsch sich auch tatsächlich passend anfühlt. Man kann die Perspektive des Betrachtens noch einmal ändern. Und vielleicht stellt man fest, dass die Zeit der Änderung noch nicht gekommen ist.

Schauen sie hin, horchen sie oder achten sie auf Ihr Gefühl, ob die Zeit reif ist. Wenn nicht, lohnt es sich in keiner Weise zu versuchen etwas zu ändern.

Eine normale Schwangerschaft dauert auch neun Monate. So brauchen auch die Dinge des Lebens genau die Zeit, die sie eben brauchen.

Und ganz viele Dinge meint der Kopf unbedingt haben oder tun zu müssen, auch wenn sie nicht auf dem wahren Lebensplan stehen.

Stellen sie fest, was auf Ihrem Lebensplan steht und leben sie NUR das. Alles andere ist vergeudete Energie. Wo sehen, hören, spüren sie den Fluss des Lebens? Dort ist man bei sich angekommen.

Subcortikale Malazie

*W*ährend unserer Ausbildung in Manueller Therapie waren meine Kollegen und ich oft so fertig, dass wir den Begriff der subcortikalen Malazie „erfanden". Das bedeutet so viel wie eine Erweichung unter dem Großhirn. Was ich damals nicht ahnte, dass dies tatsächlich nötig ist, um eine Veränderung in Verhalten und Lebensweise zu erreichen. Natürlich nicht wirklich ortsgetreu, doch wie schon vorher erwähnt, muss im Gehirn eine Art Erweichung stattfinden, um neue Bahnen zu bilden und zu nutzen. Dafür gibt es verschiedene Möglichkeiten.

In den meisten Fällen übernimmt das Leben diese Einschnitte für uns.
Unfälle, traumatische Erlebnisse, schwerer Verlust, finanzielle Krisen, Krankheiten sind die Lehrmeister, die uns zwingen etwas in unserem Leben zu verändern, uns neu zu orientieren und andere Wege des sich Zurechtfindens zu entdecken. Die meisten Menschen, die sich auf den „spirituellen Weg" begeben, sind genau durch eine solche Krise gegangen und haben festgestellt, dass die „normale Denke" einfach nicht mehr weiter hilft.

Es gibt aber auch noch andere Möglichkeiten, eine subcortikale Malazie zu erreichen. Und wenn man die passende für sich findet, ist es noch nicht einmal mit Selbstkasteiung verbunden.

Meditiation

Die wohl bekannteste Technik, den Weg zur inneren Erlösung zu finden ist die Meditation. Durch Einkehr und Stille den Fluss der Gedanken zu stoppen ist der Traum vieler Meditierender.

Für uns westlich orientierte Menschen ein schweres Unterfangen. Allerdings gibt es verschiedene Techniken, wie Traumreisen, Mandalas, Mantras singen oder zum Beispiel auch die Meditationen von Osho (*), die längst nicht so kompliziert sind und trotzdem eine gute Wirkung haben. Meditation erlebt man auch bei einem einsamen Spaziergang durch die Natur, wenn es gelingt die Aufmerksamkeit auf den Moment und die zauberhafte Umgebung zu richten. Genau das ist letztlich der eigentliche Sinn, zu lernen die Aufmerksamkeit auf das Hier und Jetzt zu richten. Schöne Bücher hierzu sind von Dan Millman, „Der Pfad des friedvollen Kriegers" (9) und das Buch „Jetzt" von Eckhard Tolle (10). Wem es gelingt, sich von Vergangenheit und Zukunft zu lösen hat wahre Meditation und somit auch sich selbst gefunden.

Somit führt Meditation letztlich zu Meditation…

(*)**QuelleWikipedia:**„Rajneesh" Chandra Mohan Jain (11. Dezember 1931 in Kuchwada, Madhya Pradesh, Indien; † 19. Januar 1990 in Pune, Maharashtra, Indien) war ein indischer Philosophieprofessor und Begründer der Neo-Sannyas-Bewegung. Er nannte sich zuerst AcharyaRajneesh (Mitte der 1960er bis Anfang der 1970er Jahre), danach Bhagwan ShreeRajneesh (bis Ende 1988) und von 1989 bis zu seinem Tod Osho.

Die kalte Dusche

Seit meiner Ausbildung zur medizinischen Bademeisterin vor über 20 Jahren dusche ich mich am Schluss kalt ab. Jedes Mal erzählt mir mein Kopf, dass es doch diesmal nicht unbedingt nötig sei, weil....

Doch weiß ich mittlerweile, dass die Überwindung zwar groß ist, das anschließende Gefühl dafür umso schöner. Also diskutiere ich seit 20 Jahren mit meinem inneren Schweinehund, um es dann trotzdem zu machen. Zur kalten Dusche gehören letztlich alle Handlungen, die Überwindung kosten. Das kann auch eine Bergtour sein, die auf den Gipfel führt und dort das „ich hab´s geschafft" auslöst.

Allerdings muss ich auch warnen, da dadurch auch schnell ein Suchtverhalten nach zwanghafter Bestätigung entsteht. Die meisten Sportler sind dieser Sucht verfallen und quälen ihren Körper über die Maßen der Nützlichkeit. Hier ist die Kommunikation mit dem Körper wieder gefragt. Findet man das richtige Maß, wird die Auswirkung den Weg zur Glückseligkeit einschlagen.

Du bist, was Du isst...

Eine gesunde Auseinandersetzung mit dem was und wie wir essen beinhaltet eine großartige Chance sein Leben, seinen Körper und somit auch den Geist zu verändern. Auch hier birgt der Fanatismus, für oder gegen etwas zu sein. Welche Nahrungsmittel für sich und seinen Körper sinnvoll sind, im Zusammenhang mit denen die uns diese Nahrung liefern, muss jeder für sich selbst, seinem

Körper und seiner Umwelt gegenüber verantworten. In jahrelanger Arbeit mit kranken Menschen habe ich die erstaunlichsten Geschichten der Heilung gehört, die durch Ernährungsumstellung erreicht wurden. „Ja, ja, ich weiß!", ist der für mich meist gehörteste Satz, wenn ich die Patienten auf ausreichend Flüssigkeit und ihre Ernährung anspreche. Doch muss man in die passende Ernährung reinwachsen. Umso bewusster man sich und seinem Körper gegenüber wird, desto klarer wird, was man ihm verabreicht.

Pause

Um etwas verarbeiten zu können, braucht das Gehirn eine Pause. Unser Kopf erzählt uns allerdings ständig, dass man weiter machen muss, um alles zu schaffen. Unser Verstand ist immer von der Zeit geprägt. Wir glauben, dass wir schneller sind, wenn wir schneller handeln. Doch in den Sprüchen, „in der Ruhe liegt die Kraft" oder „wenn Du es eilig hast, mach langsam", liegt sehr viel Wahrheit. Durch all die Gedanken, die ständig durch die Bahnen des Gehirns sausen, entsteht eine permanente Reizüberflutung. „Multitasking Fähigkeit" wird vor allem den Damen nachgesagt. Doch ist es unmöglich zwei Dinge gleichzeitig korrekt auszuführen. Wobei ich gerne hinzufüge, dass ich es liebe, während dem Autofahren zu telefonieren oder beim Stallreinigen ein Hörbuch oder sogar meine Lernvorträge zu hören. Doch muss ich, sobald ich mich auf den Verkehr konzentrieren muss, weil ich einen Parkplatz suche, das Gespräch beenden. Auch gelingt mir das Futtersortieren nicht, wenn ich mich nebenbei unterhalte. Oder ich kann dem Hörbuch nicht mehr folgen und ich darf zurück spulen. Somit ist Multitasking eine unangenehme Nebenwirkung unserer modernen Oberflächengesellschaft. Reizüberflutung ist gang und gäbe.

Fast überall läuft nebenher das Radio, der Fernseher oder sonst ein Gedüdel, dass das Gehirn zusätzlich zudröhnt. Viele Menschen können wahre Stille kaum mehr ertragen. Etliche verbringen die halbe Nacht vor dem laufenden Fernseher und wundern sich über Stress im Alltag. Das Mittagsschläfchen ist fast out, obwohl es eine wunderbare Möglichkeit ist, wieder zu Kräften zu kommen. Mein Spruch für die Kinder lautet: „Ich gehe mal 10 Minuten Hirn ausschalten". Die zehn Minuten reichen mir völlig aus, um mein System auf stand by zu bringen, um danach wieder online zu sein. Das Gehirn braucht immer wieder eine bestimmte Zeit, um all die eingegangenen Informationen zu sortieren und abzuspeichern. Lernen ist ohne ausreichende Pausen nicht möglich. Das gilt übrigens auch für das Training der Muskulatur, die durch zu viel Power mehr verhärtet, als aufgebaut wird. Auch im Ausdauertraining ist der Pausentag ein wichtiger Begleiter, damit der Körper durch ausreichend Erholung seine Fitness steigern kann.

Ein deutliches Anzeichen für „Zuviel" im Kopf ist verhaspeln beim Sprechen, häufige Füllwörter wie „ä", „ähm", „gell", „ne`" usw., Dinge übersehen, vergessen, liegen lassen, hektische Bewegungen und letztendlich Kopfschmerzen. Dann heißt es nur noch die Notbremse ziehen, bevor es irgendwann der Körper macht. Finden Sie ihre ganz persönliche Auszeit. Das sind nicht nur die Momente, die sie in den Schlaf verschwinden. Das können auch entspannte Spaziergänge, ein Sonnenbad im Liegestuhl oder ein klassisches Konzert sein. Momente in denen ihr Gehirn aufatmet. Ich werde grundsätzlich für verrückt erklärt, doch ich finde meine Momente der Gelassenheit abends in einer kurzen Entspannungsmeditation vor dem Schlafen und morgens um fünf, wenn ich durch die Natur spaziere, im Sommer bei Sonnenaufgang und im Winter unter leuchtenden Sternen.

Doch das bleibt natürlich jedem selber überlassen.

Es gibt zwei sehr empfehlenswerte Bücher über die Ruhezeiten und die innere Uhr. Das eine heißt, Unsere Innere Uhr. Natürliche Rhythmen nutzen und der Non-Stop-Belastung entgehen von Jürgen Zulley und Barbara Knab (11) und das andere, Zwanzig Minuten Pause von Ernest L. Rossi und David Nimmons (12)

Floating

Das ist ein Schwebezustand in einer speziellen Floating Anlage. Dies ist ein Wassertank, der mit einer Salzwasserlösung gefüllt ist. Die Salzkonzentration ist so hoch, dass der Körper wie schwerelos im Wasser liegt. Dadurch wird eine Tiefenentspannung relativ schnell möglich. (*)

(*) **Quelle: Wikipedia: Floating** (engl. schweben, treiben) ist ein Entspannungsverfahren, bei dem Personen mit Hilfe von konzentriertem Salzwasser in einer speziellen Floating-Anlage (Floating-Tank oder Floating-Becken), abgeschottet von Außenreizen, quasi schwerelos an der Wasseroberfläche treiben. Im medizinischen Bereich wird die Anwendung in der Schmerzmedizin, Orthopädie, Dermatologie und Sportmedizin erforscht. Im therapeutischen Bereich wird Floating im Stressmanagement, bei Burnout-Syndrom und Suchtentwöhnung eingesetzt. Im Wellnessbereich wird Floating auch mit Licht- und Toneffekten angeboten. Angestrebt wird eine physische und mentale Tiefenentspannung.

Yoga & Co

Es gibt sehr viele wundervolle Bewegungsformen, die den Weg zur Einheit zwischen Körper, Geist und Seele fördern.

Als Beispiel seien hier die verschiedenen Yogaformen, Thai Chi, Qigong, die fünf Tibeter oder die Feldenkrais Methode genannt. Es gibt natürlich etliche mehr. Dabei ist das Wichtigste, die passende Technik zu finden, bei der man sich sozusagen zuhause fühlt. Ich habe jahrelang Thaibo gemacht. Erst im Fitnessstudio, dann morgens alleine für mich. Doch irgendwann stellte ich fest, dass mich dieser Sport immer noch stressiger macht, anstatt mir einen Ausgleich zu schaffen. Somit begann ich die sogenannte Ki-Gymnastik, die wir regelmäßig bei der Craniosacral Ausbildung machten, statt der Powerübungen zu praktizieren. Im Laufe der Zeit wandelten sich die Übungen und sind mittlerweile eine Mischung aus Atemtechnik, Bauch- und Beckenboden-training und Gymnastik. Allerdings nehme ich mir brav jeden Morgen (Arbeitsmorgen ☺) ca. 10 Minuten für diese Übungen. Und somit kommen wir zur Übung aller Übungen...

Disziplin

Egal was es ist, was Sie für sich entdeckt haben, dass sich lohnt von Ihnen praktiziert, ausgeführt oder genutzt zu werden, es kann nur wirken, wenn man ihm die Chance gibt, seine Wirkung zu entfalten. Somit ist es viel leichter sich in Disziplin zu üben bei Dingen, die einem am

Herzen liegen, die Spaß machen oder ein solches Wohlgefühl auslösen, dass sich die Überwindung jedes Mal von neuem lohnt.

Mein Leitspruch von Immanuel Kant (*) lautet:

Ich kann, weil ich will, was ich muss!

Da möchte ich eigentlich nichts mehr hinzufügen. Und doch lohnt es sich immer wieder, sich mit den Techniken der Gehirnveränderung zu beschäftigen und mit Muße und Geduld zu wissen, dass es tatsächlich geschieht.

(*) Immanuel Kant (1724-1804)

F 5

*A*m Computer steht die F5 Taste für die Aktualisierung. Das bedeutet, wenn man im Internet eine Seite öffnet, dann merkt der Computer sich das und öffnet die Seite immer so, wie beim ersten Mal. Hat sich mittlerweile auf der Seite etwas verändert, dann kann man dieses auf dem PC nicht sehen. Erst, wenn man die F5 Taste gedrückt hat.

In unserem Leben ist es ganz oft auch so. Man ist 10 Jahre verheiratet und behauptet, der Partner ist immer noch genauso, wie damals. Man hat das Gefühl, nichts hat sich wirklich verändert im Leben.

Die meisten Situationen im Leben sind mit bestimmten Gefühlen zusammen gespeichert. Läuft nun eine ähnliche Situation ab, entstehen dieselben Gefühle und man meint, nichts hätte sich verändert. Somit lohnt es sich immer wieder, eine Bestandserhebung zu machen und festzustellen, dass sich sehr wohl vieles verändert. Stellt man dabei fest, dass man sich tatsächlich immer noch über dieselben Themen beklagt, sollte man überlegen ob es nötig ist, einen Großputz einzulegen. Hätten Sie vor 10 Jahren schon gedacht, dass Sie ein Buch über Telepathie lesen werden? Wie waren Ihre Pläne vor 10 Jahren? Haben Sie sie verwirklicht? Welchen Träumen hängen Sie immer noch nach? Sind das tatsächlich heute auch noch Ihre Träume?

Ich wollte immer Tierärztin werden und bin dem Leben so dankbar, dass es mir so viele Steine in den Weg gelegt hat, dass ich es nicht werden konnte.
Für welche Stolpersteine sind Sie dem Leben dankbar?

_____

_____

_____

_____

_____

_____

_____

_____

_____

_____

_____

Von Herz zu Herz

*A*nfangs glauben viele Telepathie bedeutet, anderen in den Kopf schauen zu können.

Doch steckt viel mehr dahinter. Wer in andere „reinschauen" möchte, muss sich selber vollkommen öffnen. Dafür ist es nötig den besonderen Weg zu beschreiten, der letztlich im eigenen Herzen endet und von dort auch wieder anfängt. Man muss den Mut aufbringen, die alten Verletzungen zu heilen, Verurteilungen zu überdenken, Schwüre rückgängig zu machen, Vergessenes zu erinnern und vor allem beginnen zu verzeihen. Hauptsächlich sich selbst.

Je mehr man durch das Erkennen und die Annahme der Dinge geht, die bisher das Leben bestimmt haben, desto offener werden die Kanäle der Wahrnehmung.

Jeder hat einen Hauptwahrnehmungskanal, doch nutzen wir natürlich alle. Somit ist es allen Menschen möglich ohne Augen zu sehen, ohne Ohren zu hören und im Inneren und Äußeren zu fühlen und wahrzunehmen, was ist. Wer sein Herz findet, wird die Herzen der anderen finden. Das ist wahre Menschlichkeit. Es ist die Liebe zum Menschen und genau diese lässt unser Herz durch uns leuchten. Fachliche Hintergründe lassen sich in verschiedenen Büchern über die Blume des Lebens finden. Die bekanntesten Werke sind von Drunvalo Melchizedek (13).

Es lohnt sich, sich auch mit den mathematischen Hintergründen des Seins auseinanderzusetzen. Doch wer im

Kopf bleibt, wird zwar vieles wissen, aber wenig verstehen.

Wissen ist Glauben im Kopf – Glauben ist Wissen im Herzen

Telepathie heißt mit allen Sinnen leben und erfahren und führt zu wundervollen Begegnungen mit unseren Mitmenschen und mit uns selbst.

Danke

*E*in herzliches Dankeschön an das gute Netzwerk unter all den lieben Menschen, die mich all die Jahre begleitet haben und mich an so vielen tiefen Gefühlen teilhaben ließen.

Vielen Dank für den gesendeten Link von Tina und das nette Telefongespräch mit Marita, ohne Euch wäre dieses Werk nicht entstanden.

Für die Fehlerkorrektur und die Kritik von Herzen möchte ich Inge ebenso herzlich danken.

Quellenangabe und Buchtipps

(1) Thorsten Havener: Ich weiß, was Du denkst

(2) Das Buch: Das neue Weltbild des Physikers Burkhard Heim

(3) Samy Molcho: Körpersprache

(4) Marlo Morgan: Der Traumfänger

(5) Manfred Spitzer: Glück ist …

(6) Rüdiger Dahlke: Peacefood

(7) Byron Katie: Lieben was ist

(8) Anthony Robbins: Das Power Prinzip

(9) Dan Millman: Der Pfad des friedvollen Kriegers

(10) Eckhard Tolle: Jetzt

(11) Jürgen Zulley und Barbara Knab: Unsere Innere Uhr. Natürliche Rhythmen nutzen und der Non-Stop-Belastung entgehen

(12) Ernest L. Rossi und David Nimmons:Zwanzig Minuten Pause

(13) Drunvalo Melchizedek: Die Blume des Lebens 1+2; Aus der Tiefe des Herzens leben

Über die Autorin

Felicitas Scholz

Die gebürtige Allgäuerin und Mutter von drei Kindern fand ihre Berufung schon Anfang der neunziger Jahre in der Physiotherapie. Sie beschäftigte sich von Anfang an auch mit den Hintergründen von Schmerzen und Ursachen für körperliche Probleme, im Hinblick auf soziale und emotionale Zusammenhänge. Viele Fort- und

Weiterbildungen, sowohl in der Physiotherapie, als auch im Gesprächscoaching und Beratung, ermöglichen ihr als Coach für Systemische Familien- und Konfliktaufstellungen (NLP-Frankfurt, Marlies Holitzka) und Lebensberaterin (IAW) mit Techniken der Blockadenlösung aus vergangenen Erlebnissen und der Kindheit (Praktiker des Inner Clearing n. Dr. Breidenbach) zu fungieren.

Bereits im Allgäu führte sie eine Praxis für Körper- und Gesprächstherapie und praktiziert nach ihrem Umzug in die Eifel nun dort in ihren neuen Räumen.

Die feine Kommunikation über Gefühl und Intuition begleitete all die Jahre ihre Arbeit, woraus sich das eigenständige Ausbildungsprogramm zum Telepathie-Trainer entwickelte.

Auf Grund jahrelanger Therapieerfahrung entstand auch zu den Pferden eine ganz besondere Verbindung, die viele neue Erlebnisse mit und auf dem Pferd möglich machte, was im Turniersport, den sie fast 30 Jahre betrieb, nicht vorhanden war. Dieses Wissen über die Verbundenheit mit dem Tier nutzt die Therapeutin nun sowohl für Probleme im Umgang mit einem Pferd, als auch ihre Pferde selbst, um bei Menschen mit Ängsten und Blockaden, Vertrauen neu aufzubauen.

Umdenken

Perspektiven wechseln

Ängste überwinden

Ausbildung
Intuitions Begleiter

- **1. Wochenende**
  Einführung in die
  - Telepathie
  - Innere Achtsamkeit
  - Kommunikation, Körpersprache, Ausdruck
  - Eigene Wahrnehmung

- **2. Wochenende**
  Kommunikationstraining mit Martina Porschen
  wirkungsvolles Beziehungsmanagement

- **3. Wochenende**
  Aufstellungswochenende zur Klärung zu den
  Themen:
  Geldfluss, Wahrnehmung der eigenen Intuition
  und vor allem Vertrauen

- **4. Wochenende**
  Teilnahme bei Pferdecoaching Eifel

- **5. Wochenende**
  Innere und äußere Achtsamkeit:
  • Meditation
  • Bewegung
  • Ernährung

- **6. Zusatz – Wochenende (freiwillig!)**
  Arbeit mit dem Pferd
  • Grundlagen der Kommunikation mit dem Pferd
  vom Boden aus mit Hilde Neuenfeldt
  (Bodenarbeit, Hängertraining, etc.)
  • Telepathie zwischen Mensch und Pferd
  • Heilreiten
  • Heilen beim Pferd durch Erfühlen, Verstehen,
  Annehmen
  • Heilen mit dem Pferd, sich selber und andere
  auf den Weg zur Heilung verhelfen

- **Abschlusstag**
  • spezielle Selbstüberprüfung zur eigenen
  Herausforderung in Vertrauen und
  Selbstsicherheit
  • gemeinsamer Abschluss bei Marcello auf Burg
  Satzvey mit Zeugnisübergabe

Außerdem beinhaltet die Ausbildung:

- **Inner Clearing**
- **1 kostenlose Perizade-Behandlung**
- **Mindestens 5 nachweisliche Teilnahmen an Systemischen Aufstellungen**

Weitere Information:

www.verstehenohneworte.de

Weitere Bücher

Felicitas Scholz

Verstehen ohne Worte

*Ein Weg zur feinsten aller
Verbindungen zwischen Mensch
und Pferd*

ISBN: 9783848219148